Cuando me muera quiero que me toquen cumbia

Cuando me muera quiero que me toquen cumbia

Vidas de pibes chorros

Cristian Alarcón

Investigación periodística de Silvina Seijas

Alarcón, Cristian

Cuando me muera quiero que me toquen cumbia : vidas de pibes chorros / Cristian Alarcón. - 6ª ed. - Ciudad Autónoma de Buenos Aires : Aguilar, 2017.

200 p. ; 23 x 16 cm

ISBN 978-987-04-2432-1

1. Crónicas Periodísticas. I. Título.
CDD 070.44

Primera edición: junio de 2012
Sexta edición: junio de 2017

Printed in Argentina – Impreso en la Argentina

ISBN: 978-987-04-2432-1

Queda hecho el depósito que previene la ley 11.723.

Esta edición de 2000 ejemplares se terminó de imprimir en Printing Books S.A.,
Mario Bravo 835, Avellaneda, Buenos Aires, en el mes de junio de 2017.

Penguin
Random House
Grupo Editorial

Índice

Las identidades de los personajes de esta historia
han sido cambiadas para preservar su integridad.

A los Alarcón.
A los Casanova.

El traidor vive entre dos lealtades; vive en el doble sentido, en el disfraz. Debe fingir, permanecer en la tierra baldía de la perfidia, sostenido por los sueños imposibles de un futuro donde sus vilezas serán, por fin, recompensadas. Pero ¿de qué modo serán recompensadas en el futuro las vilezas del traidor?

RICARDO PIGLIA, *Respiración artificial*

Llamo violencia a una audacia en estado de reposo enamorada de los peligros. Se la distingue en una mirada, en una forma de caminar, en una sonrisa, y es en ustedes en quienes produce oleajes. Los desconcierta. Esta violencia es una calma que los agita.

JEAN GENET, *Diario del ladrón*

Lo que caracteriza el concepto de aventura y lo distingue de todos los fragmentos de la vida [...] es el hecho de que algo aislado y accidental pueda responder a una necesidad y abrigar un sentido.

GEORGE SIMMEL, *Sobre la aventura*

Prólogo

Cuando llegué a la villa, solo sabía que en ese punto del conurbano norte, a unas quince cuadras de la estación de San Fernando, tras un crimen, nacía un nuevo ídolo pagano. Víctor Manuel el "Frente" Vital, diecisiete años, un ladrón acribillado por un cabo de la Bonaerense cuando gritaba refugiado bajo la mesa de un rancho que no tiraran, que se entregaba, se convirtió entre los sobrevivientes de su generación en un particular tipo de santo: lo consideraban tan poderoso como para torcer el destino de las balas y salvar a los pibes chorros de la metralla. Entre los trece y los diecisiete años, el Frente robaba al tiempo que ganaba fama por su precocidad, por la generosidad con los botines conseguidos a punta de revólveres calibre 32, por preservar los viejos códigos de la delincuencia sepultados por la traición, y por ir siempre al frente. La vida de Víctor Vital, su muerte, y las de los sobrevivientes de las villas de esa porción del tercer cordón suburbano —la San Francisco, la 25 de Mayo y La Esperanza— son una incursión a un territorio al comienzo hostil, desconfiado como una criatura golpeada a la que se le acerca un desconocido. La invocación de su nombre fue casi el único pasaporte para acceder a los estrechos caminos, a los pequeños territorios internos, a los secretos y las verdades veladas, a la intensidad que se agita y bulle con ritmo de cumbia en esa zona que de lejos parece un barrio y de cerca es puro pasillo.

Quizás hubiera sido mejor revelar la identidad de un asesino, la mecánica de un fusilamiento, un mensaje de la mafia, la red de poder de un policía corrupto, un crimen pasional cometido con una faca bien afilada. Detrás de cada uno de los personajes se podría ejercer la denuncia, seguir el rastro de la verdad jurídica, lo que los abogados llaman "autor del delito" y el periodismo, "pruebas de los hechos". Pero me vi un día intentando torpemente respetar el ritmo bascular de los chicos ladrones de San Fernando, sentado durante horas en la misma esquina observando cómo jugaban al fútbol y sancionaban a las patadas al mal zaguero central. Me sumergí en otro tipo de lenguaje y de tiempo, en otra manera de sobrevivir y de vivir hasta la propia muerte. Conocí la villa hasta llegar a sufrirla.

Con el tiempo y el progreso del asfalto y la urbanización impuesta por el municipio, la villa San Francisco, y a sus costados norte, la 25, y sur, La Esperanza, se fueron convirtiendo en un barrio. Sobre el natural caos de la edificación no planificada se trazaron algunas calles y algunos ranchos desaparecieron bajo las topadoras para dar lugar al cemento y al orden. Pero la traza colonial solo logra dar la impresión de un barrio con esas fachadas en las que a pesar de la pobreza se ha puesto esmero. Es una delantera amable de la villa: entre casa y casa, entre frente y frente, se abren los pasillos que llevan a los caseríos de los fondos. Detrás de cada zaguán se esconden las casillas de chapa mejoradas con improvisadas paredes de bloques o ladrillos. Justo entre la 25 y La Esperanza, ha quedado intacta una porción de la vieja villa de ranchos encimados con cuatro pasillos internos. En uno de ellos, al que se entra por la calle General Pinto, a una cuadra de su casa, fue asesinado el Frente Vital la mañana del 6 de febrero de 1999.

Muy de a poco el campo de acción en el lugar se fue ampliando para mí, abriéndose hasta dejarme entrar a los expendios de droga, a las casas de los ladrones más viejos y retirados, a los aguantaderos. Al principio sólo podía circular por la cuadra del Frente, sólo ver cómo, al llegar la hora de comer, las mujeres comenzaban a hacer una recolección sistematizada de préstamos entre los vecinos de siempre. Media taza de aceite de un rancho, un poco de arroz de otro, una cebolla, un precioso pedazo de carne más allá. Las madrazas en busca del faltante para resolver el hambre se cruzaban de vereda a vereda rescatando porciones para reciclar con una pericia que evidenciaba el entrenamiento en la faena de llenar la olla del día, la inmediata necesidad de saciar los estómagos de cada familia.

Al Frente lo enterraron en una tumba del sector más pobre del cementerio de San Fernando, donde conviven los mausoleos señoriales de la entrada y las pedestres sepulturas bajo tierra. Adornados por flores de plástico, los muertos quedan como sembrados a lo largo de una planicie en la que resalta hoy la tumba de Víctor Vital. Resplandece entre las demás por las ofrendas. Grupos de chicos enfundados en sofisticados equipos de gimnasia y zapatillas galácticas se reúnen para compartir con el Frente la marihuana y la cerveza. Las ofrecen para pedirle protección.

San Fernando es ese partido del conurbano bonaerense cuya estación del ferrocarril Mitre es casi la última antes de llegar a Tigre, a poco del Río de la Plata, entre Beccar y Carupá: es la zona del país donde la brecha entre pobres y ricos es abismal. La fortuna ajena parece al alcance de la mano: allí se da la maldita vecindad entre el hambre y la opulencia.

A dos años de mi llegada al barrio, los chicos de la generación que creció sin el particular y cuestionable orden que defendía el Frente Vital les roban a las ancianas y a los niños del lugar. Buscan diez pesos para una próxima dosis de mentirosa altivez. Se conforman ya no con la reivindicación del propio ser al tomar por asalto el estatus prohibido de las marcas famosas, sino con un paraíso artificial que da una bolsa de Poxi-ran o intoxicados con las pastillas diseñadas para calmar la angustia del perfecto pequeñoburgués diluidas en el peor vino ofertado por el almacenero, al que tarde o temprano asaltarán, simplemente porque los tiempos han cambiado en contra nuestra y ya no hay ley, no hay iguales, no existe el milagro de la salvación.

Como si él y su poderío místico incluyeran la condena y la salvación, el mito del Frente Vital me abrió la puerta a la obscena comprobación de que su muerte incluye su santificación y al mismo tiempo el final de una época. Esta historia intenta marcar, contar ese final y el comienzo de una era en la que ya no habrá un pibe chorro al que poder acudir cuando se busque protección ante el escarmiento del aparato policial, o de los traidores que asuelan, como el hambre, la vida cotidiana de la villa.

Capítulo I

María tenía las manos metidas en el agua jabonosa de un fuentón cuando llegó la peor noticia de su vida.

—¡Loco! ¡Vengan! ¡Vamos a fijarnos! ¡Está toda la yuta! ¡Parece que lo agarraron al Frente!

María retorcía un *jean* en el patio del rancho de su novio Chaías. Vivía allí hacía dos semanas, exiliada por primera vez de la casa de su familia, tras una discusión con su padrastro, un poco respetado *dealer* de la zona, miembro del clan de los Chanos.

—¡Loco! ¡Parece que mataron al Frente!

Los pibes de esa cuadra que desde afuera parece un barrio pero por dentro es puro pasillo, todos, menos ella, salieron corriendo tal como estaban. María se quedó parada allí, sin volver la vista atrás, disimulando por pudor a causa de ese noviazgo corto pero intenso que ya había dejado de tener con el Frente. Prefirió decirse a sí misma: "Yo me hago la estúpida". Especuló con que si algo verdaderamente malo ocurría, alguien llegaría a avisar. Por eso hizo como que frotaba la ropa, soportando las ganas de llegar también ella, más rápido que ninguna, desesperadamente, a ver la suerte que había corrido el chico de quien, a pesar de la separación reciente, aún estaba enamorada.

—Lo mataron al Frente —dijo, después de unos diez minutos, una mujer del otro lado de su cerco.

María lo escuchó sabiendo que algún día podía suceder, pero jamás tan pronto: ella, trece y él, diecisiete; y esas profusas cartas de amor sobre un futuro que se le antojaba el único, aunque ahora estuviera con otro, aunque su nuevo novio fuera uno de los amigos de Víctor, aunque el mundo se cayera. Salió secándose las manos en el pantalón, y anduvo una, dos, tres cuadras, cruzó el descampado y se metió en la villa 25 de Mayo directo hacia el rancho de su madre, el mismo del que se había escapado para refugiarse en la casa de Chaías. Apenas entró, se arrojó a los brazos de la mujer, como hacía mucho tiempo que no sucedía:

—Ma, me parece que lo mataron al Frente, acompáñame —le dijo llorando en su hombro.

Laura estaba cubierta sólo por una sábana, acalorada por el peso de la humedad que a las diez y media de la mañana antecedía a la tormenta; el cuerpo exhausto después de una noche de Tropitango con el Frente, las chicas y el resto de los amigos que quedaban en libertad. La despertó una bulla atípica para una mañana de sábado, una agitación que de alguna manera preanunciaba la batalla que sobrevendría. Su madre no tardó en alertarla. Le dijo, sin siquiera saludarla, con una voz áspera pero sin embargo piadosa:

—Lau, me parece que lo mataron al Frente.

Salió de la cama anestesiada, sin sentir el peso del cuerpo trasnochado, de los litros de alcohol que había tomado mientras bailaban por undécima vez en el centro de la pista con esos romances tortuosos entonados por Leo Mattioli y su banda. Hizo la media cuadra de pasillo que la separaba del potrero desierto que dejaba ver el escuálido frente de la villa:

—¡Parecía como si estuvieran buscando al Gordo Valor! ¡La cantidad de policías que había!

Los más cercanos a Víctor se fueron arrimando todo lo que pudieron al rancho donde lo tenían encerrado. Se habían escuchado los tiros. Varios habían visto de refilón cómo Víctor y tras él Luisito y Coqui, dos de los integrantes Los Bananita, pasaban corriendo por el corazón de la 25 con las sirenas policiales de fondo, cruzaban por el baldío que da a la San Francisco y se perdían en uno de sus pasillos metiéndose en el rancho de doña Inés Vera. Supieron por el veloz correo de rumores de la villa que Coqui cayó rendido en la mitad del camino, cuando al atravesar una manzana de monoblocks en lugar de seguir escapando intentó esconderse en una de las entradas. Desde el momento de los disparos, no hubo más señales sobre lo que había pasado. Nadie sabía si Luis y el Frente estaban vivos. Los policías se vieron rodeados apenas se internaron en la San Francisco; cada vez con más refuerzos, intentaban convencer a los vecinos de que se retiraran.

Mauro avanzó por entre los ranchos y consiguió treparse al techo de la casilla cercada por un batallón de policías en la que habían intentado refugiarse Víctor y su compinche, Luisito. Mauro era uno de los mejores amigos del Frente, un integrante fuerte de la generación anterior de ladrones, que, después de pasar demasiado tiempo preso y tras la muerte de su madre, había decidido alejarse del oficio ilegal y buscarse un trabajo de doce horas para lo básico, ya lejos de las pretensiones. Mauro había influido en Víctor con sus consejos sobre los viejos códigos, el "respeto" y la ética delincuencial en franca desaparición. Mauro recuerda bien que dormía con Nadia, su mujer, cuando lo despertaron los tiros. "Le dije: 'Uy, los pibes'. Porque siempre que se escuchan tiros es porque hay algún pibe que anda bardeando. Me levanté, me puse un *short* y encaré para aquel lado".

Apenas salió de su rancho, una nena que vivía a la vuelta y que lo sabía amigo inseparable de Víctor, a pesar de que para entonces él ya comenzaba a "dejar el choreo", le dijo la frase tan repetida aquella mañana:

—Me parece que lo mataron al Frente.

Corrió hasta la entrada de la San Francisco. Un policía lo frenó:

—No podés pasar.

Mauro continuó sin mirar atrás. El policía le chistó. Él siguió acercándose a Víctor.

—A vos te digo, no podés pasar.

—Qué no voy a poder pasar —le dijo—. Yo voy para mi casa, cómo no voy a poder pasar, loco, si no hay una cinta ni nada.

Durante unos minutos creyó, incluso se lo dijo a Laura, que el Frente había podido escapar. "Este hijo de puta se les escapó". Igual se trepó al techo, para cerciorarse. Desde lo alto podía ver la mitad del cuerpo de Luis saliendo de la puerta del rancho. Estaba inmóvil, parecía muerto, pero sólo lo simulaba por el pánico al fusilamiento. Mandó a pedir una cámara de fotos que no tardó nada en llegar. Disparó varias veces para registrar lo que sospechaba que la Policía Bonaerense ocultaría. Temía que Víctor estuviera herido y que, tal como estaba marcado por la Bonaerense, dejaran que se desangrase al negarle la asistencia médica. Por eso amenazaba con arrancar las chapas de la casilla si la policía no se decidía a sacarlo de allí. Hasta que Luis no pudo evitar que contra su voluntad las piernas comenzaran a temblarle. Uno de los uniformados se dio cuenta:

—Che, guarda porque éste está vivo.

Laura vio cuando lo retiraban del lugar en una camilla con la cabeza ensangrentada por el tiro que le rozó el cráneo. Chaías consiguió acercarse a él. Luis lloraba.

—El Frente, fijate en el Frente —alcanzó a decirle antes de que lo metieran en la ambulancia.

Laura se preocupó cuando unos minutos después la segunda ambulancia que había llegado para los supuestos heridos se fue vacía.

—Señor, ¿y el otro chico? —preguntó a uno de los uniformados, con miedo a la respuesta.

—Está ahí adentro, lo que pasa es que está bien —le mintió.

—¿Y por qué una de las ambulancias ya se fue?

—¡Porque está bien, nena! —cerró el policía.

Entre los que peleaban su lugar cerca del rancho también esperaba Matilde, confidente privilegiada del Frente, cómplice de hierro a la hora de dar refugio después de un robo, cartonera y madre de Javier, Manuel y Simón Miranda, los mejores amigos del Frente, los chicos con los que a los trece había comenzado en el camino del delito. Matilde había conseguido escurrirse hasta la puerta misma del rancho y desde ahí hablaba con Mauro, amotinado en el techo. Estuvo casi segura de que al Frente lo habían matado cuando presenció las preguntas y las evasivas entre Mauro y uno de los hombres de delantal blanco que entró al rancho con un par de guantes de látex en las manos.

—Eh, ¿qué onda con el pibe? ¿Por qué no lo sacan? —le preguntó Mauro.

—No, ahora vamos a ver —intentó evadirse el enfermero.

—Decime la verdad, decime si está muerto.

—No te puedo decir nada —lo cortó.

—Decile la verdad, loco, no va a pasar nada. Está muerto, ¿no?

El enfermero ya no volvió a abrir la boca, pero cuando volvió a pasar, bajando los párpados lentamente, lo confirmó.

Pato, el hermano mayor de Víctor, estaba en su turno de doce horas en un supermercado donde era supervisor. Su hermana Graciana ya se había casado y se había ido a vivir a Pacheco. Si no aparecía un familiar, la policía seguiría reteniéndolo en el rancho de doña Inés Vera.

—Vayan a buscar a la madre, que está trabajando en el supermercado San Cayetano de Carupá —propuso un chico.

Allá partieron Laura y Chaías en un *remise*. Pero Sabina estaba en la sucursal de Virreyes. Volvieron al barrio. La gente seguía amontonándose alrededor del rancho. A Virreyes corrieron a buscarla otros vecinos.

—Vení, Sabina, porque hay un problema con la policía.

—Pero dejalo que se lo lleven a ese guacho por atrevido. Yo no voy a ninguna parte —se negó Sabina, como siempre en lucha contra la pasión ladrona de su hijo menor, dispuesta a que lo metieran preso con la esperanza de que el encierro en un instituto lo reformara y lo convirtiera en un adolescente estudioso y ejemplar.

—Venite que está adentro de una casa. ¡Venite!

La convencieron. Sabina pensó: "Éste tomó como rehén a alguien y está esperando que yo llegue para entregarse, pero antes lo voy a trompear tanto...". No llegó a imaginar la muerte de su hijo hasta que el auto se asomó al barrio doblando por la calle Quirno Costa y pudo distinguir desde el otro lado del campito un móvil de Crónica TV y un helicóptero sobrevolando la muchedumbre. "Cuando vi el mosquerío de gente y de policías, me temblaron las piernas". Bajó del *remise* y escuchó que gritaban:

—¡Viene la mamá! ¡Viene la mamá! —atravesó desesperada y los pibes y las mujeres iban abriendo paso a lo largo de todo ese pasillo. Fue en ese momento en que se le unió como una guardaespaldas incondicional Matilde, experta en reclamar por sus chicos y pelearse con la policía cada vez que caían presos. Juntas llegaron a la valla humana de policías que custodiaba el acceso al rancho. Sabina dijo, con los labios apretados:

—Soy la madre —y entró.

María, la ex novia del Frente, en ese mismo momento caminaba sostenida por su madre hacia el campito que da a la vereda de la San Francisco por un lado y la 25 por el otro. Lo primero que vio fue la flaca silueta de su novio Chaías que saltaba en el medio del campo y gritaba. "Todos gritaban, me mareé de repente, no veía nada, no entendía nada, me había puesto muy nerviosa, temblaba, tenía miedo y no sabía bien de qué. Hasta que llegué a la puerta del rancho, porque me iban dejando pasar, y la vi a Sabina". Ella, Sabina Sotello, tratando de conservar la calma, queriendo creer a pesar de todo que el sabandija había tomado rehenes, preguntó intentando parecer tranquila:

—¿Dónde está mi hijo?

Una mujer policía de pelo corto, subcomisaria a cargo del operativo, la miró y no quiso contestarle.

—Yo soy la mamá —le dijo, dándole todos los motivos del mundo en uno para que le contestara.

Sabina miró hacia los costados buscando el rostro de Víctor. Pero no alcanzó a distinguirlo. "Yo creía que me lo iba a encontrar ahí parado, qué sé yo, y esta mujer no me decía qué había pasado, así que me saqué". La agarró del cuello del uniforme y la levantó contra un ropero pequeño que había en aquel cuarto de dos por dos.

—¿Dónde está mi hijo?

—Calmate, calmate.

—¿Dónde está mi hijo?

—Pará, pará, calmate.

Sabina no dudaba en estrangularla si no hablaba, no se la quitarían de las manos si no le aclaraban qué había pasado con Víctor. Y entonces escuchó el tecleo de una máquina de escribir sobre una pequeña mesa. "Y cuando escuchás eso ya te imaginás, ¿viste?, cuando están escribiendo...".

El hombre que escribía a máquina detallaba en lenguaje judicial los hechos que habían llevado a la muerte de Víctor Manuel Vital esa mañana de febrero. La historia tenía domicilio: el número 57 de la calle General Pinto, esquina French. Allí, en la puerta de su casa, Víctor le dejó en custodia a Gastón, el hermano mayor de Chaías, las cadenas, las pulseras, los anillos de oro, los fetiches de estatus que siempre llevaba puestos. Marchó, preparado para "trabajar", a encontrarse con otros dos adolescentes con quienes solía compartir los golpes: Coqui y Luisito, dos ladrones también de diecisiete, y de otra villa con nombre católico: Santa Rita. Ellos dos y dos hermanos hijos de un ladrón conocido como el "Banana" se harían famosos tiempo después de la muerte de Víctor en una de las primeras tomas de rehenes televisadas. Habían querido robar a una familia y en lugar de escapar rápido se habían entusiasmado con la cantidad de objetos suntuosos que encontraron en el chalet de Villa Adelina. Algo parecido a lo que les ocurrió ese 6 de febrero cuando tardaron en robar una carpintería a sólo ocho cuadras de French y Pintos.

Gastón intentó persuadirlo: que no fuera, que se quedara esta vez porque el lugar tenía un "mulo", que en la jerga significa vigilador privado; que otros ya habían "perdido" intentando lo mismo. Víctor no quiso creerle. En menos de diez minutos estaba encañonando al dueño de la fábrica de muebles. En quince salían corriendo del lugar muy cerca de la mala suerte. Los dos patrulleros que rondaban la zona recibieron un alerta radial sobre el asalto. "Tres NN masculino, de apariencia menores de edad, se dirigen con dirección a la villa 25", escucharon. En el móvil 12179 iban el sargento Héctor Eusebio Sosa, alias el "Paraguayo", y los cabos Gabriel Arroyo y Juan Gómez. Y en el 12129, el cabo Ricardo Rodríguez y Jorgelina Massoni, famosa, por sus modos, como la "Rambito". Las sirenas policiales se escuchaban cada vez más cerca. Víctor corría en primer lugar, acostumbrado como ninguno a escabullirse: en el último tiempo ya no podía pararse en ninguna esquina. Su sola presencia significaba motivo suficiente para una detención. A sus espaldas pretendían volar Coqui y Luisito.

—¡No puedo más! ¡No puedo más! —escucharon quejarse a Coqui, que quedó relegado en el fondo por culpa de sus pulmones comidos por la inhalación de pegamento.

Riéndose del rezagado, el Frente y Luis entraron por el primer pasillo de la San Francisco. Alicia del Castillo, una vecina de generosas proporciones, caminaba por el sendero con su hija de dos años de un lado y la bolsa del pan en el otro. El Frente la agarró de los hombros con las dos manos para correrla: ya no llevaba el arma encima. En seguida "colaron rancho", como le dicen los chicos a refugiarse en la primera casilla amiga. La mujer que les dio paso para que se salvaran, doña Inés Vera, se paró en la puerta como esperando que pasara el tiempo y los chicos se metieron debajo de la mesa como si jugaran a las escondidas.

Los policías habían visto el movimiento. Ni siquiera le hablaron, la zamarrearon de los pelos y a los empujones liberaron la entrada. Los chicos esperaban sin pistolas: Luisito me contó que se las dieron a doña Inés, quien las tiró atrás de un ropero. Las descartaron para negociar sin el cargo de "tenencia" en caso de entregarse. Lo mismo que el dinero: lo guardó ella debajo de un colchón y lo encontró la policía, aunque nada de eso conste en las actas judiciales.

En cuclillas bajo la mesa, el Frente se llevó el índice a los labios: "Shh... callate que zafamos...", murmuró, y vieron a una mujer policía y dos hombres entrar al rancho apuntando con sus reglamentarias. El sargento Héctor Eusebio Sosa, el Paraguayo, iba adelante con su pistola 9 milímetros. Pateó la mesa con la punta de fierro de su bota oficial; la dejó patas arriba en un rincón. Víctor alcanzó a gritar:

—¡No tiren, nos entregamos!

Luis dice que murmuraron un "no" repetido: "No, no, no", un "no" en el que no estaban pudiendo creer que los fusilaran: "Nos salió taparnos y decir 'no, no', como cuando te pegan de chico", me contó Luisito en un pabellón de la cárcel de Ezeiza, condenado a siete años de cárcel por los robos que después de la muerte del Frente siguió cometiendo, exultante al recordar los viejos tiempos después de tanto, el día de su cumpleaños veintiuno.

Y describió sin parar la escena final: en el aire estrecho de aquella miserable habitación de dos por dos, silbaron cinco disparos a quemarropa. Luis supo que los fusilaban; como impulsado por un resorte, saltó hacia la puerta. En el aire una bala le rozó el cráneo. Quedó con la mitad del cuerpo afuera del rancho, ganándole medio metro al pasillo. Se desmayó. El Frente intentó protegerse cruzando las manos sobre la cara como si con ellas tapara un molesto rayo de sol. Luisito recuperó la conciencia a los pocos minutos, pero se quedó petrificado tratando de parecer un cadáver.

El Frente falleció casi en el momento en que el plomo policial le destruyó la cara. Las pericias dieron cuenta de cinco orificios de bala en Víctor Manuel Vital. Pero fueron sólo cuatro disparos. Uno de ellos le atravesó la mano con que intentaba cubrirse y entró en el pómulo. Otro más dio en la mejilla. Y los dos últimos, en el hombro. En la causa judicial, el Paraguayo Sosa declaró que Víctor murió parado y con un arma en la mano. Pero la Asesoría Pericial de la Suprema Corte, por pedido de la abogada María del Carmen Verdú, hizo durante el proceso judicial un estudio multidisciplinario. Los especialistas debieron responder, teniendo en cuenta el ángulo de la trayectoria de los proyectiles, a qué altura debería haber estado la boca de fuego para impactar de esa manera. Teniendo en cuenta las dimensiones de la habitación y la disposición de los muebles, si los hechos hubieran sido como los relató Sosa, él debería haber disparado su pistola a un metro sesenta y siete centímetros de altura. Esto significa que para haber matado al Frente, tal como dijo ante la justicia, Sosa debería haber medido por lo menos tres metros treinta centímetros.

Con el rostro enrojecido por la presión del estrangulamiento, la mujer policía, elevada diez centímetros del suelo por la fuerza de la mujer que la tenía del cuello, le dijo finalmente a Sabina:

—Su hijo está muerto. Ahí está, no lo toque.

En el piso de tierra yacía Víctor, con la frente ancha y limpia que le dio sobrenombre, sobre un charco de sangre, bajo la mesa sobre la que escribían el parte oficial de su muerte.

Sabina soltó un grito de dolor. Su llegada a la escena de los hechos había provocado un silencio sólo alterado por el ruido que hacía el helicóptero suspendido sobre el gentío. Ese alarido y el llanto que lo precedió fueron suficientes para que quienes esperaban perdieran la esperanza: un policía había masacrado a Víctor Manuel Vital, el Frente, el ladrón más popular en los suburbios del norte del Gran Buenos Aires. Tenía diecisiete años, y durante los últimos cuatro había vivido del robo, con una diferencia metódica que lo volvería santo; lo que obtenía lo repartía entre la gente de la villa: los amigos, las doñas, las novias, los hombres sin trabajo, los niños.

"Yo sabía que todo el mundo lo quería, pero no pensaba que iban a reaccionar así. Porque hasta la señora de ochenta años empezó a tirar piedras", cuenta Laura. Así comenzó la leyenda, estalló como lo hacen sólo los combates. Como una señal todopoderosa, entienden en la villa, el cielo se oscureció de golpe, cerrándose las nubes negras hasta semejar sobre el rancherío una repentina noche. Y comenzó a llover. La violencia de la tormenta se agitó sobre la indignación de la turba. Bajo el torrente, los vecinos de la San Francisco, la 25 y La Esperanza dieron batalla a la policía. La noticia sobre el final del Frente Vital corrió por las villas cercanas como sólo lo hacen las novedades trágicas. Llegaron de Santa Rita, de Alvear Abajo, del Detalle. A la media hora había casi mil personas rodeando a ese chico muerto y a ciento cincuenta uniformados preparados para reprimir. Llegaron los carros de asalto, la Infantería, el Grupo Especial de Operaciones, los perros rabiosos de la Bonaerense, los escopetazos policiales.

Cuando comenzaron los tiros, Laura consiguió acercarse a su amigo hasta quedar refugiada en uno de los ranchos que dan al lugar donde lo mataron. "Justo donde estaba había un agujerito y pude ver cómo lo sacaban y cómo los hijos de puta se reían y gozaban de lo que habían hecho. Los vigilantes lo sacaron destapado, como mostrándoselo a todo el mundo... no lo sacaron como a cualquier cristiano. Yo lo vi, vi las zapatillas que en la planta tenían grabada una V bien grande". Era la marca que Víctor le había hecho a las zapatillas, la misma V que ahora dibujan los creyentes en las paredes descascaradas del conurbano junto a los cinco puntos que significan "muerte a la yuta", muerte a la policía.

Son los mismos cinco puntos que tienen tatuados en diferentes lugares del cuerpo los amigos de Víctor que fui conociendo a medida que me interné en la villa. Son cinco marcas, casi siempre del tamaño de un lunar, pero organizadas para representar a un policía rodeado por cuatro ladrones: uno —el vigilante— en el centro, rodeado por los otros, equidistantes como ángulos de un cuadrado. Es una especie de promesa personal hecha para conjurar la encerrona de la que ellos mismos fueron víctimas, me explicaron los pibes, aunque suelen ser varias las interpretaciones y no hay antropólogo que haya terminado de rastrear esa práctica tumbera. Ese dibujo asume que el ladrón que lo posee en algún momento fue sitiado por las pistolas de la Bonaerense, y que de allí en más se desafía a vengar su propio destino: el juramento de los cinco puntos tatuados augura que esa trampa será algún día revertida. El dibujo pretende que el destino fatal recaiga en el próximo enfrentamiento sobre el enemigo uniformado, acorralado ahora por la fuerza de cuatro vengadores. Por eso para la policía el mismo signo es señal inequívoca de antecedentes y suficiente para que el portador sea un sospechoso, un candidato al calabozo.

Son cinco puntos gigantescos, como las fichas de un casino, los que se grabó en su ancha espalda Simón, el menor de los hijos de Matilde, un poco más abajo que las sepulturas, el dragón y la calavera. Y la misma marca tiene, en el bíceps abultado del brazo derecho, Javier, el mayor de sus hermanos. Manuel, el del medio, se los tatuó en la mano. Y Facundo, el cuarto miembro de lo que precariamente fue una "bandita", especie de hermano de los demás y sobre todo compinche íntimo del Frente, se los hizo sobre el omóplato izquierdo la primera vez que estuvo preso en una comisaría a los quince años. El odio a la policía es quizás el más fuerte lazo de identidad entre los chicos dedicados al robo. No hay pibe chorro que no tenga un caído bajo la metralla policial en su historia de pérdidas y humillaciones. Para estos chicos, la muerte de su amigo es una de esas heridas que se saben incurables; con las que se aprende a convivir: se veneran, se cuidan, se alivianan con algún ritual, se cuecen con el recuerdo y con las lágrimas. Y como si el destino hubiera querido preservarlos o privarlos del momento fatuo del velorio y el funeral de un ser adorado, los tres estaban presos el día que un policía bonaerense asesinó al ídolo.

La tarde anterior al crimen, Simón pudo hablar por última vez con Víctor: llamó Simón desde el teléfono público al que tienen acceso los chicos internados en el Instituto Agote. "Nos cagamos de risa un rato. Jodíamos, que pa, que pa-pa-pa. Que pum. Que pam. Y él en un momento me dijo:

"—Mirá, mañana te voy a mandar una chomba, una bermuda, guacho...

"—No pasa nada, guacho. ¿Qué me estás diciendo?

"—Eh, vos sabés que somos re amigos...

"—No pasa nada, guacho, bueno, todo bien".

Cortaron entre risas y cargadas, como suele ser cuando dos chicos conversan, yendo de la medición del ingenio del otro, del ejercicio de la esgrima verbal permanente al afecto, que llega siempre con rodeos, disfrazado de lealtad o de "respeto".

Esa noche Simón se durmió pensando otra vez en el día en que regresaría a la calle y añoró estar en la villa, haber vuelto al rancho después de un "hecho" con los bolsillos llenos de billetes, para sumergirse en el Tropitango, o en Metrópolis, la bailanta de Capital.

Al día siguiente volvió a marcar el diecinueve y pidió vía cobro revertido con la casa de su amiga Laura. Del otro lado escuchó en la voz de ella el aturdimiento que deja la muerte, la angustia que precede a la entrega de una pésima noticia. Laura estaba con Mariela, su novia de entonces.

—No, mejor decile vos —escuchó Simón.

—No, decile vos... —se filtró por el tubo.

—¿Qué te pasa? —casi gritó en el silencio carcelario del Agote.

—...

—¡¿Qué me tienen que decir, guachas?!

—...

—¡Eh! ¡Guachas! ¡Pónganse las pilas!

—Lo mataron al Frente.

—¡¿Cuándo?!

—Hace un rato.

—Ustedes están re locas. ¡Si yo ayer hablé con él!

Laura se largó a llorar. Él no pudo más que creerle. Ni siquiera necesitó que le contaran los detalles. Sabía cuán marcado estaba Víctor Vital por la policía de San Isidro. No pudo más que cortar y subir a la celda, encerrarse aún más dentro del encierro, para llorar solo.

Armó un porro enorme usando toda la marihuana que le quedaba, lo encendió, aspiró profundo y, sin largar el humo, puso en un grabador que le habían regalado los temas que escuchaba el Frente. Primero, cumbia colombiana, cumbia de sicarios; después, el grupo mexicano

Cañaveral. Al final puso una canción que el Frente escuchaba como parte de su personal religión.

Cuando me muera quiero que me toquen cumbia,/ y que no me recen cuando suenen los tambores,/ y que no me lloren porque me pongo muy triste,/ no quiero coronas ni caritas tristes,/ sólo quiero cumbia para divertirme.

Facundo también había caído poco tiempo antes del asesinato, en el que por más deseos y mensajes conjuradores de la muerte, el barrio había llorado a mares. Había sido después de un robo con Chaías, en el que un patrullero los cruzó, cuando silbando bajo volvían al barrio después de haber robado una panadería. Chaías se demoró dos minutos de más porque quiso, antes de invertir en pastillas, pagar la cuota de un crédito que había pedido en la zona. Facundo terminó internado en el instituto de recuperación de adictos de monseñor Emilio Ogñenovich en Mercedes, que más tarde se haría famoso por las denuncias sobre malos tratos y torturas a menores. Ese día también supo del crimen por la televisión. "Fue un desastre. Le agarró un ataque de nervios, empezó a romper cosas, luchó con los celadores, quiso saltar el alambre, se quiso escapar, y entonces le pegaron mucho. Después, como él seguía con problemas, fuimos y lo encontramos muy mal. Lo drogaban mucho y temblaba solamente de lo drogado que lo tenían. Lo inyectaban y estaba todo lastimado, la boca lastimada, la ceja lastimada, todo el cuerpo raspado del alambre, porque lo habían bajado de los pantalones y se había raspado con las púas. De ahí lo trasladaron a una comunidad para adictos en Florencio Varela. Ahí se repuso, estaba con psicólogos", me contó una tarde su abuela, una de las *mai* umbanda del barrio. Fue por medio de Facundo que Luis conoció al Frente, y a su vez, a través de Luis, el Frente se cruzó con Coqui, el otro integrante de Los Bananita, con quienes fue a robar por última vez.

Ese 6 de febrero Manuel estaba detenido por el último robo fallido en la comisaría 1ª de San Fernando. "Con los pibes del calabozo mirábamos 'Siempre Sábado' por Canal 2. Cuando vino el corte empezamos a hacer *zapping*. De repente apareció en Crónica TV un cartel: 'Primicia. San Fernando'".

—Pará, loco, que yo vivo ahí —frenó Manuel al que manejaba el control remoto del televisor colgado afuera de la celda.

Reconoció las calles, los ranchos, el potrero. Y vio que sacaban en una camilla el cuerpo de alguien. Aunque enfocaban desde lejos, creyó reconocer la ropa de su amigo.

—Ojalá que no, pero para mí ése es el Frente —les dijo a los de su ranchada.

Compartía celda con dos chicos del mismo barrio y con un pibe de Boulogne que había sido "compañero" del Frente. Todos se quedaron callados. "Al final, cuando casi lo subían a la ambulancia, lo reconocí por la V en las suelas. Pensé que estaba muerto, por cómo lo llevaban. Después vino una banda de tiros de la gorra, de piedrazos de la gente. No lo podía creer. Era Crónica en directo y se veía todo el barrio. Yo había caído hacía un mes y me quería matar porque no estaba ahí con él, porque si hubiéramos estado juntos capaz que no pasaba lo que pasó. Me puse re mal. Me quería matar, ya no me importaba nada después de eso. Decían que habían quemado a un vigilante, que lo habían herido, que era una batalla campal".

Se veían mujeres pateando patrulleros, escupiendo a la cara de los miembros del Grupo Especial de

Operaciones. La policía tuvo que armar un cordón contra el que los amotinados arremetieron una y otra vez: a uno de los uniformados lo hirieron en una pierna, a otro le quebraron la clavícula de un palazo. Sabina jamás se olvidará de Matilde, la madre de Manuel, Simón y Javier, tan lejana hasta entonces, tan en la vereda de los chorros, donde ella nunca quiso abrevar, siempre sancionando con el desprecio la actividad ilegal de su hijo. La rememora corriendo entre los tiros, bajo la lluvia, embarrada hasta las rodillas y perdiendo las ojotas en la lucha. Como María, que en el fragor dejó las suyas clavadas en el barrial.

La batalla fue de tal magnitud que Sabina Sotello tuvo que salir del estupor, respirar profundo y pensar en qué hacer para calmar la sed de venganza por la muerte de su hijo. Sospechaba que la policía dispararía con balas de plomo y temía que, en lo extenso del enfrentamiento, la vecindad se hiciera de las armas escondidas en villas aledañas por el rumor de una razia que lo asolaría todo ese fin de semana. La venganza estaba demasiado cerca de los deudos enardecidos, que no paraban de arrojar piedras y palos contra los uniformados y sus escudos transparentes. "Yo pensaba que iban a matar a alguien más y tuve que reaccionar". Sabina cruzó el pasillo y habló ante la multitud:

—¡Yo les pido por favor que me dejen terminar, que paremos un poco porque puede haber otra víctima, que paremos, así estos hijos de puta se van! —dijo.

Lentamente, los combatientes fueron abandonando la furia y dejando la tarde libre a la pena. "Para colmo, llovía tanto que llovía como si fuera llorar", dice Chaías, el desgarbado morocho que, con la tempestad desatada, caminaba blandiéndose contra el viento con una sombrilla roja enorme que parecía sacada de una playa familiar de la costa, una imagen de surrealismo nipón en medio de la miseria.

Sabina regresó a la casilla donde el fiscal y los funcionarios judiciales esperaban una señal para abandonar la villa, aterrorizados ante la posibilidad franca del linchamiento. "Ellos en definitiva salieron agarrándose como pollos mojados de mi brazo y de Matilde", me contó Sabina varias veces a lo largo del tiempo en el que reiteramos esas conversaciones pausadas, mientras me acompañaba a recorrer el largo viaje que la reconstrucción de aquella muerte me llevó a iniciar sin fecha de regreso.

Matilde no volvió a separarse de Sabina. Como si las balas hubieran dado en cualquiera de sus propios hijos. De alguna manera, Víctor había sido durante esos años de asaltos y fuego casi un hijo para ella. Juntas, las dos mujeres partieron a la comisaría para los trámites burocráticos a los que siempre se condena al familiar del chico acribillado. Pasaron cinco horas en la seccional hasta que les dijeron que tardarían en entregarles el cuerpo. Sabina suele recordar riéndose con ternura que Matilde, avergonzada de sus pies desnudos por la pérdida de las ojotas, sentada en un banco de la seccional, trataba de disimular tapándolos el uno contra el otro, escondiéndolos como una niña bajo el asiento.

Esa tarde, la de la muerte, Manuel habló con su madre desde la comisaría por teléfono: le rogó que gestionara su visita al velorio, un traslado que los jueces suelen conceder a los reos cuando sufren la muerte de un familiar cercano. Pero, aunque Manuel y Simón obtuvieron la autorización judicial, no se lo permitieron a Sabina ni a Matilde, su propia madre. Hasta hoy, a Manuel y a Simón les duele que los hayan privado de esa ceremonia de despedida, pero el clima que había en el velorio era tan enrarecido que a Matilde y a Sabina les pareció un peligro inmenso el operativo. Las armas que habían desaparecido del barrio por el rumor de las razias volvieron apenas asesinaron al Frente. "Nunca vi tantos fierros juntos", me dijo Sabina sobre el contenido de los bolsillos de los deudos de su hijo. Si trasladaban a los hermanos hasta la casa de French y General Pintos, donde velaban a Víctor, debían hacerlo policías de la comisaría 1ª, compañeros de la Rambito y de Sosa, cómplices a los ojos de todos, tan culpables de la muerte injusta como el que gatilló.

La policía, además, no se había quedado tranquila después del marasmo del sábado. El resentimiento de los hombres de la 1ª de San Fernando no terminó con la represión de ese día. Manuel lo supo desde adentro. Estaba detenido en esa seccional cuando ocurrió todo. "Apenas lo mataron vinieron a gozarme y entonces se armó un bondi, discutí y le tiré un termo de agua hirviendo a un cobani. Con los pibes lo peleamos y me querían sacar solo afuera para cagarme a trompadas. Me llevaron a la comisaría de Boulogne, y después me volvieron a la 1ª. Ahí estaba sin hacer nada, pensaba nomás, me quería matar. Me dio por ponerme a escribir. No paraba de recordar".

Llovió todo el día y toda la noche. Y a pesar del tiempo enfurecido, desde el momento de la muerte no dejó de haber deudos esperando el cuerpo en la puerta de Pinto 57. "Tuvimos que esperar tres días para que nos lo entregaran. Me querían dejar velarlo dos o tres horas, los mandé a la puta que los parió, les dije que yo lo iba a velar el tiempo que quisiera, el tiempo que yo creía que él se merecía. Yo les discutía, les decía que ellos en ese momento eran empleados míos, que les pagaba el sueldo y que ellos iban a hacer lo que yo les dijera. Lo velamos acá por el hecho de que la gente a veces no tiene para viajar —cuenta Sabina en el cuarto donde estuvo el cadáver de Víctor—. Esto era un mundo, gente que yo no había visto en mi vida que llegaba de todas partes".

Fue una romería. La cuadra de French entre Pinto e Ituzaingó se llenó de chicos y chicas que armaban grupos en los cordones de la vereda, una multiplicación de esas esquinas que se esparcen por los rincones del conurbano norte. "Después los pibes que venían empezaron a juntar plata para comprar coronas —me contó Chaías, que esa noche amaneció allí—. Siempre que pasa algo así alguien saca un cuaderno y van juntando para comprarle las coronas que el finadito se merece". La mayoría de ellos estaban armados. Hubo quien en una esquina se puso a disparar como homenaje en medio del responso, y Pato, el hermano mayor de Víctor, tuvo que imponer orden, llamar a la tranquilidad a los amigos. Los patrulleros de 1ª nunca dejaron de rondar la casa durante las veinticuatro horas que duró la despedida final. Cada tanto hacían sonar las sirenas golpeando con su presencia. Sabina intentaba que nadie respondiera a la provocación. Chaías dice que estaban tan "enfierrados" que podían pararse delante de un móvil policial y destruirlo con un cargador por cada uno de los vengadores. Se contuvieron hasta la mañana siguiente, el martes, cuando casi a las nueve sacaron el ataúd de la cocina y lo subieron al carro fúnebre. Hasta ahí llegó la compostura. Una salva caótica de balas hacia el cielo despidió a Víctor Manuel Vital, el Frente. Y esos disparos comenzaron a transformar su muerte en una consagración; su ausencia, en una posible salvación.

Eran tantos que fueron necesarios dos micros y un camión con acoplado para trasladar el cortejo entero. La fila de autos, todos los *remises* de la zona y los que ese fin de semana habían sido robados, daba la vuelta completa bordeando la villa 25.

A lo largo de Quirno Costa, sobre el borde del descampado, una hilera de jóvenes vaciaba los cargadores disparando hacia el barro reseco del baldío. "Salimos de acá y dimos la vuelta por los lugares donde él siempre andaba. Cuando la pompa fúnebre se asomó frente a la villa, los tiros sonaban como en Navidad. Así fue la despedida de Víctor", recuerda orgullosa Sabina. Lo enterraron con las banderas de Boca y de Tigre cubriendo el cajón. Y entre las decenas de coronas había una igual a la que había pedido durante sus últimos meses, acosado por la policía: "Si me agarran, que me hagan una corona con flores de Boca", había dicho como bromeando sobre un futuro anunciado.

Capítulo II

Pasaron dos años desde el día que pisé por primera vez la villa. Así quedó bautizado desde el principio ese territorio que parecía inexpugnable, aunque en realidad sean tres las villas en las que se cruzan los personajes de esta historia: "la villa", "mañana voy a la villa", "estoy de asado en la villa", "tengo un cumpleaños en la villa", "este domingo me espera un pibe en la villa". La villa fue al comienzo un territorio mínimo, acotado, unos pocos metros cuadrados por donde me podía mover. El extrañamiento del foráneo al conocer los personajes y el lugar, el lenguaje, los códigos al comienzo incomprensibles, la dureza de los primeros diálogos, fue mutando en cierta cotidianidad, en la pertenencia que se siente cuando se camina una cuadra y se cruzan saludos con los vecinos, se comenta con alguno el tiempo, se pregunta por dónde andarán los pibes, siempre tan difíciles de ubicar, sin horario alguno, respirando a bocanadas el momento inmediato, el momento mismo en el que se está sin que una próxima actividad, un compromiso tomado, le ponga punto final al presente por imposición del futuro.

Cuando conocí a Sabina Sotello, no imaginaba que tanto tiempo después seguiría yendo a visitarla, que hablaríamos decenas de veces por teléfono y que me retaría como una mamá preocupada por un hijo cuando desapareciera por demasiado tiempo. Tampoco podía calcular que al fin de la historia sería ella misma quien me guiaría, sin saberlo, hasta los secretos de las villas donde reinó el Frente, acompañándome con su talante y su presencia de madre hacia los ranchos donde nunca antes me habían dejado entrar. Faltaba casi un mes para el cumpleaños de Víctor Vital, el 29 de julio, una fecha en la que ella, la familia y los amigos organizan cada año una inmensa chocolatada para los chicos de la zona, matizada con el juego del embolsado y la carrera de esquíes de madera preparados con tablas conseguidas en un aserradero por su hijo mayor. Me esperaba con el uniforme de vigiladora privada en la puerta de un supermercado de San Isidro. Sí, Sabina, la mamá del ladroncito muerto y canonizado, se ganaba hacía tiempo la vida con un empleo elegido adrede en las antípodas del oficio ilegal de su hijo.

Hubo un momento, me dijo en el *remise* que nos llevaba desde el cemento poblado de la Panamericana hacia la villa, en que ya no supo qué más hacer para frenarlo, para convencerlo de que dejara el delito. Entonces se inscribió en un curso de seguridad. Víctor lo tomó como una broma, como un detalle que hacía todavía más pintoresca su elección taimada por hacerse del dinero ajeno. "¡Ja! La madre vigilante y el hijo chorro!", le dijo cuando ella se lo contó. "A ver cuándo me entregás un hecho, Sotello", la gozaba en pleno auge. "Entregar un hecho" es aportar los datos necesarios para que un lugar sea asaltado.

Antes de ser custodia y de manejar un arma, Sabina había hecho un largo camino de esfuerzos por lograr una estabilidad económica que le permitiera darles a los suyos lo que ella nunca había tenido. Para ir a la escuela desde el rancho en el que vivían cerca del pueblo chaqueño de Las Palmas, Sabina y sus dos hermanos varones caminaban cada mañana varias leguas. Iban descalzos. Vivían en un retazo de campo seco, "pobres como los más pobres". Tenía catorce años cuando se enamoró de un gendarme, un amor de primavera prohibido. Su padre, obrero del ingenio azucarero, odiaba los uniformes. "Cuando supo que estaba embarazada me dio una paliza con esos látigos que usan para arrear los animales. Me sangraba la espalda y yo me revolcaba como las víboras del dolor. Por eso lo maldije a mi viejo".

El gendarme quiso que vivieran juntos y asumir la paternidad del niño, pero la amenaza familiar era tan fuerte que Sabina continuó sola. Después del parto escuchó que su padre quería anotar al bebé como propio. Apenas pudo se levantó al alba y marchó al pueblo. Lo llamó Julio César y lo inscribió como su hijo. Al regresar volvieron a apalearla. Tuvo que esperar un año hasta que su hermano mayor, que había partido a Buenos Aires, le enviara dinero para el pasaje.

Llegó a San Fernando a trabajar cama adentro en la casa de una familia acomodada. Allí conoció a la mujer que se transformaría en su madre para el resto de la vida. "Justo en esa casa trabajaba también la que después yo tomé como mi verdadera mamá, Odulia Medina. Se encariñó conmigo y como yo no tenía a nadie me empezó a invitar a su casa cuando estaba de franco. En el barrio son tan chusmas que ella les dijo a todos que yo era la hija de su marido, de una señora anterior. Y empecé a decirle papá a él y mamá a ella. Me quisieron tanto que terminé viviendo con ellos, en la casita que está acá a la vuelta".

Volvió a enamorarse de un hombre que parecía bueno y sería padre de su segundo hijo. Pero todo fue peor. Compraron un terreno en José C. Paz y se fueron a vivir juntos. Pato tenía dos años cuando escapó de él y de los golpes hacia la casa de sus nuevos padres. Lo intentó otra vez, con un tercer amor. Se mudó con sus nuevos suegros, quedó embarazada de Graciana, y tampoco duró. Pero para entonces ella ya había hecho un curso de fotografía y podía vivir de tomar imágenes escolares, casamientos, cumpleaños de quince y algunas campañas políticas del peronismo. Él era tornero. Ganaba lo suyo, pero lo dilapidaba en alcohol y juerga, se iba los viernes y aparecía los lunes. Fue en esa época que llegó Víctor.

Soportó hasta que murió la suegra, único reaseguro de protección en esa convivencia tortuosa con el padre de su último hijo. Habían abierto una cuenta bancaria en común con su marido y un buen día se encontró con el saldo en cero, derrochado en mujeres y alcohol. La historia terminó un mediodía en que ella estaba preparando canelones. Estalló una discusión y él le puso un revólver en la cabeza frente a los chicos. Después, con un Cristo de yeso que ella veneraba prendiéndole velas, se puso a hacer tiro al blanco.

Ella había hecho algunos conocidos tomando fotos, entre ellos un puntero político con llegada en la comisaría de Otero. Le contó lo que había pasado. "Y allá se lo llevaron preso del forro del culo. Entonces aprovechamos para escapar, cargamos todo en una camioneta y nos metimos en la villa. Fue cuando compré el ranchito que ahora es esta casa y nos instalamos", recordó un día en un bar en la esquina del hospital de San Fernando, después de visitar a un niño en agonía atrapado en la terapia intensiva.

Víctor Vital casi no vivió con su padre. Lo conoció sólo por los escándalos que de vez en cuando hacía en la puerta del rancho, acosando a Sabina y amenazándola con que la iba a matar. Fue su madre la que se desvivió por darle desde las zapatillas Adidas hasta el mejor guardapolvo. Pero ella misma dice que por ese afán por el trabajo no pudo controlarlo. "Como arrancamos otra vez solos, yo no estaba nunca en casa. Tenía que laburar para alimentarlo bien. Y Víctor se me fue de las manos. Sin que me diera cuenta, empezó con la droga, y de ahí en adelante ya no hubo manera de frenarlo. A los trece años ya empezaron las denuncias policiales, el robo de las bicicletas, zapatillas, pavadas que se afanaban al principio, pero no era eso lo que yo esperaba para él, yo lo único que quería era que estudiara". Sabina cuenta que entonces ella lo anotó en un curso de computación cerca de la estación de San Fernando. Él salía a horario con su carpeta abajo del brazo. Pero la dejaba en la casa de un amigo y se lanzaba a la calle con coartada y todo. "Yo se la pedía para ver lo que hacía y siempre se la había olvidado. Hasta que fui a hablar con la maestra y ella me contó que nunca había ido".

El Frente empezó a apartarse del sagrado camino que para él había imaginado su madre cuando tenía doce años y todavía estaba en séptimo grado. La escuela le resultaba un aburrimiento insufrible y la calle le daba vértigo pero lo seducía. Así que uno de sus primeros fraudes fue fingir una dolencia para no ir a clases. Aprovechó el día que se cayó jugando para simular un dolor de quebradura en el brazo. Manuel lo conoció en ese momento. "Él se empezaba a escapar y a juntarse con nosotros. Andaba, me acuerdo, con el brazo enyesado, pero se lo había hecho enyesar él solo para no ir al colegio. Era mentira, nosotros sabíamos y nos matábamos de risa por eso. Después la madre se enteró cuando lo llevó a un médico. Ahí lo empezamos a conocer. Nos íbamos juntos para Belgrano: con mis hermanos, el Javier y el Simón, ya robábamos por esos lados. Era una época de bicicletas re caras, las vendíamos a doscientos pesos".

Manuel recuerda con cierta ternura los fetiches de la clase media de mediados de los noventa, la aparición masiva de esas bicicletas de metal ultraliviano, esas que se levantaban apenas con el anular, bicis de decenas de cambios, aerodinámicas; bicis voladoras del menemismo consumista que los chicos de San Fernando acarreaban persistentes para reducirlas no muy lejos de sus casas.

Manuel es el hermano del medio en la familia Miranda, uno de los hijos de Matilde, uno de los mejores amigos de Víctor y un gran ladrón. Lo conocí después de meses de espera, porque cuando llegué a la villa pagaba un robo a mano armada en la cárcel de Olmos. Su figura, su mirada, mezcla de rencor y dulzura infantil en algunas fotos que me mostró Matilde; su delgadez, la seriedad en la que se percibe cierta actuación, la impostura de las cejas arqueadas en una versión adolescente y hermosa de maldad, y las anécdotas de Sabina sobre esa relación obsesiva entre Manuel y Víctor me mantuvieron pendiente de su posible libertad, de alguna salida transitoria; casi tanto como con el tiempo esperaría una visita autorizada a Simón, su hermano menor, preso en el cerradísimo Instituto Almafuerte. En los encendidos días de diciembre de 2001, dábamos por seguro que saldría en libertad el primer día de 2002. Pero un informe de conducta y un trámite retrasado convirtieron en vana la esperanza de su madre, la de sus hermanos, la mía. Vio el horizonte pampeano, una larga extensión de tierra vacía que ahoga los ojos del reo al salir del penal de Olmos, recién en marzo, después de un año y ocho meses.

Lo conocí finalmente en la oscura cocina de la casa de Estela, su hermana mayor, madre de cuatro niños candorosos que se peleaban por el control remoto de la tele para dejarla siempre en una de acción. Manuel parecía tranquilo, dueño de la casa, sabía que hacía mucho que pretendía entrevistarlo. Yo estaba francamente nervioso. Pensaba en cómo haría para ser ante él un recio periodista que recorre la villa con prestancia, con todo el "respeto" necesario para ganarme sus favores de chico recién salido a la calle. Tomamos cerveza. Ahogué rápido, en tres vasos, mi repentina timidez. Comenzamos hablando de su infancia. Ocho años tenía cuando salió a la calle. "Vagueaba, me iba por ahí. Vendía artículos de limpieza con un amigo", contó, mientras los sobrinos se le colgaban de los brazos y sentaba a la más pequeña sobre sus piernas. Ante las primeras confesiones, me fui acostumbrando a escuchar, a prestar una especial atención a su fraseo tumbero de oraciones cortas respiradas hacia adentro. De los tres hermanos varones, que finalmente terminaría conociendo, Manuel era el más retraído y el menos sociable de todos. Manuel tendría la capacidad de apaciguar mi ansia por preguntar, de guardármela bajo los pliegues del diálogo cotidiano sobre el tiempo, o simplemente sepultar mis inquietudes con el silencio, suavizándole la cara afilada y larga bajo lo profundo de sus ojos verdes. Sentía que de alguna extraña manera aprendía algo de su parquedad, respetando los minutos que podían mediar entre una observación mía y una tibia exclamación suya, entre una mirada de maldad y una carcajada por el chiste obsceno.

La primera vez que Manuel cayó preso con el Frente fue por un desperfecto técnico. La moto de Víctor, una XR100 que le había comprado Sabina con ahorros y muchas horas extras como vigiladora privada, se descompuso después de haber asaltado una estación de servicio ESSO en Martínez. Esa tarde Manuel robó vestido con unas bermudas y una camiseta de Boca. Dice que ese día no disparó: sólo tuvo que levantarse la remera y dejar ver el fierro apretado entre el cierre y la pelvis antes de jurarle a su víctima: "Dame la plata porque te mato".

Se quedaron varados cerca del Hipódromo de San Isidro. Tuvieron que arrastrar la moto hasta un taller para que la arreglaran. Cuando estuvo lista, Manuel pagó con una bolsa de monedas recién robadas, frescas, diríase todavía tibias de las últimas manos que las tocaron.

"Quedate lo que sobra", le dijo al empleado agradecido y chusma. No alcanzaron a hacer diez cuadras cuando los encerraron con media docena de patrulleros. Ellos tenían pensado hacer ese día eso que luego los diarios llaman "raid". Iban hacia una casa de artículos deportivos de la que ya les habían cantado el dato. Hacía un mes que Manuel estaba en la calle; venía del peor mal trago para un menor de edad: el Almafuerte. Y fue a parar a la comisaría de Balneario, en cuyo calabozo tuvo que escuchar durante la primera visita, mudo, las recriminaciones y los consejos de Sabina. Tal como Matilde, la mamá del Frente veía en la relación de estos dos chicos ladrones el origen de todos los males de sus juventudes descarriadas. Desde entonces fue prohibida esa mala junta. El afecto y la lealtad en el robo y los vicios los llevó a la clandestinidad. Diseñaron un sistema de señas por el que desde una esquina a la otra, desde la de Sarratea y French, donde vivían los Miranda, hasta la de French y Pinto, la casa del Frente, se ponían de acuerdo en juntarse en tanto tiempo, en tal sitio, a los cabezazos, como en las viejas pistas de baile.

"Nos veían juntos por el barrio y pensaban cualquiera", me contó Manuel en un atardecer desasosegado de otoño. "Igual que ahora, aunque yo no ande robando, si te ven con algo nuevo puesto nos preguntan si nos estamos yendo a robar a Capital", me explicó sobre las veces que él y Chaías se pusieron ropa seria —pantalón pinzado, camisa, chalequito de lana o de descarne, zapatos de vestir— para visitar Buenos Aires. "Cuando volvemos nos preguntan de dónde venimos, si hicimos algo, si nos fue bien". El estigma del chorro se convierte con el tiempo en algo asumido aun después de salir del círculo vicioso del delito; pero, reconoce Manuel, se vive con cierto odio cuando ya no se asalta, cuando se intenta el "rescate", cuando las armas a lo sumo sirven para la defensa en el interior del propio territorio, para la intimidación, quizás para la venganza. En el caso de ellos dos, de esa pareja maldita, Manuel, el sobreviviente, el viudo, considera que fue la policía y los jueces quienes los rotularon tempranamente con el sello de la peligrosidad y la violencia como si la portaran en la sangre, como si se trataran de males incurables y congénitos. "Desde que caímos la primera vez, nadie nos quería ver juntos. Los mismos vigilantes les tiran ésa a las madres, les dicen que vamos en cana porque nos juntamos, que si no nos juntáramos no seríamos así. 'Fijate con quién anda y con quién se junta. Se lo devolvemos pero acá no lo queremos ver más', les dicen y ellas les creen, pero después por fin un día no les creen más".

Era apenas mirarse. Y la calle se les convertía en un prado de posibilidades. La moto propia del Frente un día quedó secuestrada en el patio de una comisaría para siempre porque Sabina se negó a reclamarla otra vez, con el sueño de que Víctor, sin movilidad, dejara de robar. Las alternativas eran la moto del hermano, a quien había que jurarle por la virgen y la madre que no se la usaría para faenas ilegales, o el auto del cuñado, que solía ser más solícito. "A veces, cuando rescataba algo en qué andar, me decía 'te espero acá a la vuelta'. Llegábamos al lugar, parábamos a media cuadra, y caminando entraba al local, o entraban atrás mío, todo bien, pum pum, caño, salía, sentía el acelerador de la moto y nos íbamos. En todos lados así. Hasta que él se compró un *jeep*". Como vemos, el Frente progresaba en cuanto a recursos, hasta pudo ahorrar sin dejar de ceder ante los pedidos de los demás cada vez que se lo convocaba. Con un estilo entre paternalista y burlón, canchero pero de una generosidad que lo eximía de que su ego imponente fuera rechazado, el Frente podía donar lo que llevaba en el bolsillo para la causa más incorrecta o la más loable de todas; no había distingos morales en sus dádivas, en sus salvaciones cotidianas de la carencia ajena, ni en sus regalos intencionados. El Frente daba lo que tenía con un desapego que aún hoy, tal como lo recuerdan los unos y los otros en la villa, parece haber sido la bondad amoral de un niño pródigo. El derroche más que la pura generosidad es lo que mejor puede calificar el carácter de Víctor Manuel Vital. Y la fiesta era, por supuesto, el máximo y más brillante escenario del gasto del dinero robado.

El baile de los chicos que para cuando mueren quieren cumbia es una ceremonia funeraria convertida en carnaval; es dedicarle lo ganado en ese rapto de violencia que implica acercarse demasiado a la muerte al frenesí de las pistas, a los latidos frenéticos que solo puede dar la cocaína, a la distorsión de imágenes, colores y significados que regalan las pastillas mezcladas con alcohol. Como una reverencia hacia un paganismo villero histórico y a lo que podría definirse también como un vitalismo de suburbio extremo, o extremo vitalismo suburbano, el Frente y sus compañeros, como Manuel, entregaban gran parte del botín al consumo de alcohol en jarras y se lo gastaban en el zarandeo de cuatro mil pibes venidos desde todos los puntos del conurbano norte, en micros que pasan por los recovecos más pobres a acarrear a la masa que viaja como sea a ver las bandas nuevas sobre el escenario del Tropitango. El Tropi es ese boliche de Panamericana y 202 al que han bautizado con justicia "la Catedral de la cumbia villera" y en el que se ha instituido como trago predilecto la "jarra loca" —todo tipo de alcohol y la cantidad de pastillas que cada uno alcance a meterle—. "Con doscientos mangos un viernes... ¡Uy!: baile, mujeres, escabio, ropa", añora Manuel. "A veces andaba con la billetera re zarpada, ya no se podía ni abrir ni cerrar, nada. Pero cuando sos guacho te la olvidás, no te importa la plata que agarrás, la gastás como si nada, como si te quedara poco".

Para no morir en seguida, para resistir en la calle al poner el cuerpo es que algunos pibes le ruegan al Frente. "Antes de salir a laburar le doy un beso a la foto que tengo en un marco con los colores de Tigre", me contó Chaías sentado contra la pared de los nichos de cemento, bajo la misma sombra que llega a la tumba del milagrero. Chaías, un flaco casi raquítico, pelo carpincho siempre con gomina, cejas tupidas, labios gruesos, hablar lento, dieciocho años y padre de dos niños, se enorgullece de que él y el Frente tenían el mismo "estilo". Porque si algo el Frente no descuidaba era la personal estética con la que pretendía diferenciarse. Chaías intenta conservar esa prestancia. Lleva pantalones anchos, bien planchados, con una raya perfecta, una chomba Lacoste impecable y zapatillas Nike, un modelo en color blanco que tuvo que tener dos días en remojo después del barrial del último baile. "Muchas veces me dicen: '¿Sabés cómo me hacés acordar al Frente vos?' Él andaba perfumado, se bañaba como tres veces al día. Las bermudas, las camisitas, los *jeans*, los chalequitos, las Nike". Adora llevar las Nike limpias: salta los charcos que dejó la última lluvia como si fuera una bailarina en tutú, en puntas de pie, para no mancharse el calzado. Tiene dos gruesas cadenas de oro en el cuello, una pulsera gruesa y un reloj que hace pensar en el burgués que lo debe haber lucido antes de que se lo quitaran a punta de pistola, en la muñeca izquierda. "Yo nunca trabajé con él, nunca robé hasta después que lo mataron, pero él cada vez que me veía, ¡pum!, me invitaba". De punta en blanco iban a darse panzadas con el Frente en los restoranes chinos del centro de San Fernando. "Viajábamos todos en *remise*, después de cenar íbamos al *pool*, y al baile. A veces te agarraba y te decía 'dale Chaías, vamos a pilcharnos' y salíamos al *shopping*".

Chaías es un ladrón diferente, intermedio entre la generación de pibes chorros con cierto código como el Frente, Manuel o Javier, y la inmediatamente posterior, la de los ladrones menos preparados, menos cuidadosos, más débiles y vulnerables, aquellos que salieron con desesperación y cada vez "menos sangre" a la calle durante los últimos tres años. Manuel mismo me contó, cuando compartíamos una cena entre los tres, que no robaban con Chaías. "Él era otra onda. Era más pibito, nosotros habíamos empezado antes, y aparte lo veíamos a él y decíamos 'no da'". En esa mesa, Chaías, completamente caído por haberse pasado el día aferrado a la bolsita de Poxi-ran, sólo dijo para explicar: "Aparte, por respeto a mi viejo". Meses más tarde me daría cuenta, aunque nunca se me ocultó realmente el asunto, que el papá de Chaías era uno de los *dealers* de la villa.

A Chaías lo vi por primera vez en la casa de Sabina, sentado con las manos cruzadas, recién cambiado, con la dicción levemente entorpecida, pero con frases claras y de fundamentos inteligentes. Fue él quien verdaderamente me introdujo en la leyenda del Frente, el que me hizo imaginar a ese pibe sensible y maldito que había dejado tanta huella. Por un lado, Chaías defendía y divulgaba, como un estandarte que nunca bajará, la figura del amigo muerto: me fue colmando de historias sobre una bondad intrínseca a Víctor, y sobre la mediación que ejercía entre los más violentos y los más frágiles del territorio. En cada relato sobre el significado de la devoción surge la comparación entre los tiempos que corrieron hasta que murió, y lo que luego pasó en la villa: el "bardo" (en lunfardo), es decir, el lío, la locura, el irrespeto, la traición, el robo a los vecinos, a los que no tienen. El Frente imponía, bajo métodos cuestionables, cierto orden en los estrechos límites de su territorio. Chaías lo recuerda no tanto como ladrón sino como una especie de monitor de la villa. Chaías, carente ya de ese respaldo que le permitía caminar tranquilo por sus calles y pasillos, ahora vive inquieto. "Ya no es como era antes. Cuando estaba él nadie bardeaba, ahora quieren ser más que vos, no existen y se las dan de guapos. Él era sólo mirarlos y: '¿Qué onda ustedes?'. O: '¡Rescátense! ¡Este es mi barrio!'". Por si no queda claro, Chaías reproduce un diálogo:

—¡Vos sos un atrevido! ¡Así no, loco! —reprendió el Frente a uno que se había quedado con el revólver que le había prestado un vecino de la villa.

—No, Frente, pará, por favor, pará —intentó defenderse el osado.

—Tomatelá, guacho, ¡no te quiero ver más acá!

"Y lo agarró a cachetazos", cuenta Chaías sobre el "atrevido" que quebró esas leyes viejas como la pobreza que han pasado a desuso de la mano del crecimiento exponencial de la pobreza. Ese pibe, el expulsado, volvió al barrio tiempo después del crimen. Sabina Sotello lo dice a su manera: "Jamás vino alguien a decirme 'mirá, Sabina, tu hijo me faltó el respeto, tu hijo me hizo lío, le pegó a un hijo mío'. Por nada ha venido una persona a quejarse, la que sí vino fue siempre la policía".

Más que quejarse con su madre, lo que los vecinos hacían era apañarlo. Cuando le dieron un tiro que le cortó un tendón en el brazo, una mujer de la cuadra lo curó, otra le puso la vacuna antitetánica, y Sabina tuvo como explicación que se había caído de una moto. Si se camina la villa, las mujeres, sobre todo ellas, cuentan casi siempre la misma anécdota: entraban a su casa y se lo encontraban sentado mirando tele, escondido de la policía. "¿Qué hacés acá? Andá a tu casa", le decían. Y él les sonreía, les pedía que no fueran malas y les daba plata para que le trajeran Coca-Cola y comida preparada. Todas dicen haber claudicado ante sus modales. Como ante sus modales enloquecía la Bonaerense. "Era tremendo cuando caía preso y les hacía la vida imposible", dicen.

Son dos los elementos que esgrimiría cualquiera de sus fieles para que canonizaran al Frente: su generosidad con el producto de los robos y el respeto que imponía como enemigo intransigente de la policía y villero preservador del orden informal. No hay quien no marque un antes y un después de su muerte en la vida de la villa. "Era un nene cuando me cortó la cama doble porque no usábamos la de arriba para regalársela a un chico que dormía en el piso", explica su madre, la persona que más repudió y detestó su relación con el delito. "¡Sacá tu plata sucia de acá! ¡Metétela en el culo!", lo rechazaba Sabina. Y ese dinero mal habido provocaba la ira de su hermano, un trabajador de doce horas diarias como supervisor de un supermercado, cuando lo veía en malos pasos. "Si yo lo llegaba a agarrar robando, lo partía a trompadas", dice. Sin embargo, Pato se enorgullece. "No de lo que robaba, pero sí de lo que hacía con la plata". Esta relación conflictiva con su familia explica la generosidad de Víctor. No tenía en qué gastar, no debía dejar la mitad de lo ganado en manos de una madre desesperada por la miseria, como les ocurría a sus amigos. La tenía tan suelta en los bolsillos como la necesidad del que se cruzara. "Me acuerdo de una noche que no lo dejaron entrar al Tropi porque le encontraron un papel para armar y él se vino —dice Chaías—. Ese día andábamos los dos iguales vestidos, con pantalón pinzado marrón, campera de cuero, camisita blanca y chalequito. Me preguntó si tenía plata. Yo tenía quince pesos y él, doce. Así que dijo: 'bueno, vamos a comer'. En eso salió otro pibe, que le pidió un peso para morfar algo. Se lo dio. Llamamos un *remise* para irnos al Sporting, un restaurante al que siempre íbamos en San Fernando. Vino el coche, tocó bocina, nos subimos los dos y el pibito salió corriendo para engancharse. Víctor se mataba de risa y le decía 'apurate, apurate'. El pibito desesperado y el auto que tenía que ir lo más rápido que pudiera. 'Apurate, dale', le decía Víctor, y lo dejó en el barrio. Era maldito a veces en esas cosas. Entramos re bacán al Sporting y pedimos milanesa de pollo a la napolitana con cerveza y Fanta. Justo estaba comiendo y a mí me agarró un dolor de muelas que no pude seguir, y como quedaba la mitad, me dice: '¿Querés llevártelo?'. Me lo traje en una bandeja. Ese día la pasamos bien".

En un pasillo escondido de la villa 25 de Mayo, por donde cruzó escapando Víctor la mañana de su muerte, Paraná, pelo teñido de rubio, bermudas, pecas y gorro con visera, cuenta que una vez lo hicieron juntos. Eran ellos dos, menores de edad, y "un muchacho mayor". Robaron un supermercado disfrazados de pibes de escuela que iban acompañados por el profesor de gimnasia. Llegaron, con sus estaturas infantiles, vestidos con el delantal blanco que usan los chicos en edad escolar y los cuadernos bajo el brazo, ideales para esconder los "fierros", la popular manera de decir "armas" en este país. El más grande iba con un equipo de gimnasia Adidas. Suponían que Víctor parecía el profesor de Educación Física y Paraná, su alumno. Entraron metidos en sus roles. Vital sacó un revólver calibre 38 y miró a las cajeras y a los clientes a los ojos. Se suponía, porque tenían "un dato" aportado por alguien del negocio, que había veinte mil pesos en las oficinas. Se complicó, estaban cerradas. Decidieron quedarse con lo de las cajas. "Tranquilos, hacemos lo nuestro y nos vamos. Por favor no se pongan nerviosos, nadie va a salir lastimado", dice Paraná que el Frente lanzó al público presente. Salieron del lugar otra vez como estudiantes, y con unos dos mil trescientos pesos guardados entre sus garabatos. Claro, reconoce el mismo Paraná, que no hubo mejor robo que aquel camión repartidor de lácteos de la empresa La Serenísima lleno, repleto de comida. Fue el mejor, sí, incluso para los devotos que ahora repasan sus aventuras de ladrón como cuentas de un rosario.

Sabina camina hacia la casa de la mujer que fue la de su hijo y la madre de sus mejores y más cercanos compinches en el robo: Matilde. En el camino va saludando a quien se le cruza. En las villas el saludo es signo de respeto, importante como el nombre. Y Sabina es importante como lo fue su hijo. No sólo es una mujer a la que se acude si se tiene un problema con la policía, porque ahora trabaja junto a los organismos defensores de los derechos humanos y otros familiares de chicos fusilados, sino que es ella, su sonrisa, algo de lo que quedó tras la muerte de Víctor. Ella es ante el mundo "la mamá del Frente". Quizás por eso, a pesar de haber combatido tanto las malas juntas de su hijo menor, me muestra, disimulando y orgullosa a la vez, el histórico camión de La Serenísima. Es uno de esos refrigerantes que llevan por los comercios la distribución diaria de leche. Pues "los pibes", el Frente junto a Manuel y Simón, los hijos de Matilde, lo secuestraron, lo vaciaron todo en esos carros tirados por caballos con que muchos en la villa juntan cartones por las noches y lo repartieron a la manera en que durante la década del setenta hicieron los militantes de las organizaciones armadas. El botín fue a parar también a las cárceles: los mejores quesos argentinos terminaron saciando el hambre de algunos presos de La Nueva, Devoto, Caseros, Sierra Chica, Olmos. "El Frente tenía la idea fija de que los chiquitos comieran yogur y no caramelos —cuenta Matilde en su casa llena de sillones enanos que ha levantado en la calle mientras recolecta papel y cartones para vivir—. Cuando iba al quiosco se le paraban al lado, le pedían y él les compraba. Con el camión la villa se llenó de lácteos, de yogur, de leche cultivada, de cosas que nunca se habían podido tener".

Con sus explicaciones, Chaías fue quien me hizo comprender que el espacio en la zona estaba cada vez más acotado a las proximidades del domicilio propio, que cruzar algunas fronteras muy próximas y cotidianas podía significar la muerte. Asentado cerca de la villa La Esperanza, Chaías vive con su padre, una hermana menor y un hermano mayor en un rancho con cocina, una pieza para él y otras dos en el fondo. De vez en cuando, intermitentemente durante los últimos cuatro años, ha convivido también con María, la mamá de sus dos hijos de tres años, la ex novia del Frente que lavaba ropa cuando supo que algo le había pasado al chico del que continuaba enamorada. "Cuando empezamos los dos teníamos catorce, ellos se pelearon una vez que el Frente estaba preso. Ahí nos metimos, pero igual después estuvo todo bien como amigos con él, seguimos viéndonos. María quedó embarazada a las pocas semanas de que lo mataron". Fueron mellizos y a uno lo bautizaron Víctor Manuel.

En la casa de Chaías pasamos varias comilonas y fiestas. Algunos poníamos el asado, su padre freía unas riquísimas empanadas de carne. Luego, con Chaías y el resto de sus amigos de esa porción de villa, nos movíamos hacia la esquina donde pasábamos el tiempo muerto de un domingo o un feriado entre las visitas de otros pibes, las cargadas al peatón y algún picado de fútbol que yo siempre miré desde afuera. Circulaba una jarra o un enorme vaso con vino y alguna pastilla de Rohipnol o Artane que los chicos sólo me ofrecían al comienzo. Una sola vez probé un trago que me resultó venenoso: sentí, casi sin mediar tiempo entre el trago y el mareo, un súbito embotamiento que me dejó perplejo ante la lentitud y la extrañeza con que transcurrió el tiempo después de beberlo.

Hasta la esquina solía llegar María con los nenes para dejárselos un rato a Chaías y al resto de la barra. En esos momentos, cuando sus hijos estaban junto a él, Chaías nunca aspiraba la bolsita de pegamento. En mi tercera jornada en San Fernando, Chaías gastaba los últimos pegotes que quedaban adentro de un sachet de leche vacío. Y se paranoiqueaba con los dos pibes que miraban apostados en la entrada de uno de los pasillos de la San Francisco, nosotros apoyados contra un paredón ante una canchita donde jugaban varios chorros y un policía del barrio. "Orejita —alertaba al chico que lo acompañaba con otra bolsita en la nariz—, Orejita, todo mal, aquéllos nos tienen ganas". Habían tenido un encontronazo con los Sapitos, una banda de lo que en la villa llaman "ratas" o "rastreros", pibes que sacados por las pastillas roban en el mismo lugar donde viven. En esos días Chaías no podía caminar por cualquier sitio en su cada vez más estrecho continente. Así como debía estar presto a un ataque traicionero de los Sapitos, no podía aparecer ya por la villa de donde es su novia María. "Está todo mal, corte que te dan una puñalada por la espalda. Y por la espalda tira la gorra", me dijo Chaías, y no supe en ese momento que esa frase encerraba varios conflictos internos a los que luego me costaría demasiado acceder.

Chaías no podía cruzar entre otras cosas por el odio de su suegro, el Chano, padrastro de María. Pero hasta ella misma le resultaba peligrosa, según me explicó entre el sopor del "poxi". "Estoy separado de mi señora, somos amigos. Pero no todo el tiempo, porque a veces me ve con alguien y le pintan esos berretines de pegar. Pero no me lo dice a mí, no viene y me dice 'qué te pasa', 'dejala' o lo que sea, no, va y le pega a la mina. Yo no voy mucho para el barrio de ella, a veces pasa un tiempo largo que no veo a los bebés, porque capaz que vas para allá y corte que te bardean. Allá venden mucha droga, son transas, y entre los chorros y los transas está todo mal. Vos tenés que meter caño para darle de comer a ellos. O sea: si querés tomar merca, ¿a quién le das la plata? A ellos. Y a veces te da por las bolas tener que chorear para los transas. Hay gente buena y gente mala; bueno, ellos son malos. Son malos y atrevidos. Yo creo que están muy resentidos. Estuvieron mal adentro y quieren revanchear con la gente. Ayer mataron a uno ahí. Le metieron un par de puñaladas. Y así todos los días. Por ahí pintan ellos y la noche es de terror. Por eso ayer vinimos enfierrados, teníamos la campera de cuero y el caño abajo con otro pibito que andaba laburando también. Hay que cuidarse siempre porque estos giles te tiran por la espalda y te arruinan. La otra vez pasé por ahí y estaba en la esquina el chabón que más bardea, el Tripa, y me saludó como si nada: '¿Qué tal?'. Pero no me confío porque son traicioneros".

Un chiflido se escucha desde del grupo que deja pasar la tarde en un rancho de enfrente. Allí una mujer nos vende sándwiches de milanesas gigantes y cerveza que ofrece a través de la ventana de su casa. En la puerta los muchachos de la villa se juntan y miran al trío que formamos contra el paredón. "Me llama a mí", dice Chaías y levanta un brazo para saludar con toda la cortesía que un conocido merece. En eso se nos acerca el Jilguerito, un niño de nueve años que pedalea con destreza una bicicleta de muchos cambios. Es el hijo de otro ladrón del barrio, pariente lejano del Frente Vital. "Contale, Jilguero, cómo te regalaba cosas el Frente", le dice el Orejita, el *partenaire* de Chaías. "Contale de esa vez que comieron yogur como una semana", insiste. Y el Jilguerito se ríe y dice que sí, que el Frente era el más bueno de todos, el mejor, y que por eso él también tiró piedras el 6 de febrero.

El Tripa era uno más en la familia de "los Chanos", un rosario de hermanos dedicados a vender cocaína que habían abierto cada uno su propio quiosco, varias bocas de expendio concentradas en unos cien metros cuadrados. La relación de odio y necesidad que viven los consumidores y los transas llegó en el invierno del año 2000 al límite de su violento equilibrio. Los Chanos, pero sobre todo el Tripa, habían acumulado más enemigos que clientes. El Tripa era de los que, borracho y drogado, se ponía a gritar en el medio de la villa que él era el transa más intocable de todos.

El Tripa es ese tipo de personaje al que los chicos ladrones de esta historia llaman "rata". Una rata, pero con mucho más poder que los Sapitos, pibes de la generación posterior, sin la protección con que el Tripa siempre contó. Es casi una regla: los transas son odiados no sólo porque son para los chorros la trampa a la que están condenados por la adicción, sino porque la inmensa mayoría cuenta con protección policial para funcionar en su negocio. El Tripa no era sólo un transa amigo de la policía. Era también un ejemplar digno del odio de la villa por su actitud de mandamás cruel, por hacer exhibición del poder que le otorgaba la impunidad. Los hartó con la violencia cotidiana de sus aprietes y de sus robos miserables. Frente a la villa 25 hay un barrio de monoblocks en el que viven familias de clase media baja que intentan diferenciarse de sus vecinos villeros. No se meten. Ven, pero jamás intervienen en los movimientos ilegales. Apuestan a que al actuar como testigos ciegos y sordos se les permita una vida tranquila, se los excluya del robo y la extorsión. Pero el Tripa, en su locura, no los dejaba afuera de su radio de acción. Enloquecido por el consumo, podía sacarles las plantas del balcón o lo que llevaran encima. Con sólo mirarlos y mostrarles el fierro siempre cargado, debían entregarle las zapatillas, la billetera, el cinto, los centavos para pagar el transporte al salir a trabajar.

El Tripa era la antítesis del Frente Vital. Fue inevitable que en el transa creciera el odio al pibe que se ganaba la voluntad de sus vecinos con su demagogia de ladrón dadivoso y su talante de predicador del "respeto" para con los de su misma clase. Si el Frente repartía el dinero robado financiando la fiesta de cada fin de semana o los pañales y los medicamentos de los hijos de otros pibes chorros, el Tripa era el que les quitaba, amparado en su inmunidad de soplón de la policía, lo poco que tenían. El Tripa era capaz de ponerle un cuchillo en el cuello a un chico de trece años para sacarle la campera. O de sacarle la bicicleta a un pibe de diez. El Frente Vital fue el único ladrón de la zona que lo enfrentó y le escupió el piso gritándole que era un buchón.

Las peleas comenzaron como debe ser, en una esquina. Al principio eran frases gastadoras. El Tripa no soportaba el carácter desafiante de Víctor Vital. No toleraba su desplante, la manera en que lo miraba sin bajarle la vista. Mucho menos la popularidad. Intentó medir el límite del Frente, hasta que lo cansó. "Como él supuestamente era el más tumbero y nunca fue nada, lo quería turrear, no se bancaba la chapa de Víctor. Para mí siempre fue por la envidia, porque el Frente era el Frente y él no era nadie. Llegaba el Víctor y todos lo adulaban a él. Hasta que llegó un momento en que el Frente le dijo en la cara: 'Yo te voy a cagar a tiros a vos'", cuenta Mauro, el viejo ladrón que el día del fusilamiento ante la horda policial quería arrancar las chapas del rancho en el que yacía su amigo. "Ahí se empezaron a agarrar, y el guacho le demostró que no le tenía miedo". Tal como luego lo haría Mauro para salvarlo a él, en uno de los enfrentamientos con el Tripa, el Frente se subió a las chapas de un rancho para desafiar a su enemigo. "¡Salí, rata! ¡Sucio! ¡Ortiba! ¡Policía! ¡Te voy a matar!". Dos veces se tirotearon en los pasillos de la villa. Otra en el campito, de punta a punta, como en las películas del *Far West*.

El Frente moriría frente a ese terreno baldío treinta y seis días después del último combate con el Tripa. El Frente iba por la Berutti, camino hacia su casa, desde Quirno Costa y Pinto, el Tripa estaba en la esquina. Le dijo algo. Nadie recuerda qué. Pero sacaron las armas. El Frente le disparó primero. El Tripa se escondió en el primer pasillo de la villa 25. Ahí se quedó agazapado. Los Chanos salieron a defender al Tripa, a tirar ellos también. El Frente retrocedió hasta la esquina de la San Francisco. El Tripa salió entonces del pasillo y cruzó al campito. Del otro lado, el Frente y Manuel le disparaban apuntándole a la cabeza. El Tripa se burlaba a prudente distancia. Bailaba como enloquecido, con los parientes cubriéndole la retaguardia. "¡Tirá, gil!", le gritaba. Fue el 31 de diciembre. Los tiros se confundían con los petardos de las fiestas.

Capítulo III

El cuerpo macizo de Víctor Vital se mecía quebrando la cintura al ritmo de la cumbia colombiana que le gustaba. Había robado, tenía dinero en los bolsillos, y nada le faltaría esa noche para iluminar la oscuridad de los quince pibes y pibas que bailaban armando una ronda. Entre todas ellas, él miraba más que a ninguna a Paola, una pelirroja de sonrisa ancha y dientes grandes, flaquita y bien formada, pero sobre todo hermosa al moverse y sonreírle cada vez de esa manera. Ella era de la villa Santa Rita, vecina de Coqui y Luisito. Había ido con sus amigas y por esos contactos conoció a Laura y a Mariela. Él esperó a que el grupo se confundiera en el marasmo de bailanteros desbocados y la agarró de las manos como sacándola a bailar. Pero el roce llama al roce, y de repente llega el empujón inapropiado, la mirada torva, la demasiado fija, y nadie sabe exactamente cómo se armó la pelea. A Víctor lo agarraron de atrás dos de seguridad y, arrastrándolo de los pelos, torciéndole el brazo, lo sacaron del baile. Tras él, salieron los otros.

La discordia continuó entre los de uno y otro bando en las puertas del Elepé, una bailanta que hasta hace un tiempo estaba en la ruta 197, cerca de las vías. Y la policía se hizo presente. Paola se quedó a un costado con el resto de las chicas y terminó de fascinarse con Víctor cuando lo vio enfrentarlos. "No sé ni cuántos vigilantes lo habían fajado ese día. Pero él los invitó a pelear. Sobre todo a uno que es de por acá cerca. Le decía que le iba a romper la boca. Después salimos corriendo porque tiraban balas de goma. Y vinimos para acá", cuenta Paola, con un bebé en los brazos. Sabina la escucha y se entera de esos pormenores que a ella le estaban vedados. "A mí esa mañana los pibes vinieron a decirme que al Frente se lo llevaron preso y yo me quedé preocupadísima, hasta que aparece por allá por la punta con Paola gritándome '¡Eh, Sotello!'. Yo lo quería matar. Pero él estaba muy contento de que había peleado y zafado. Claro, se lo quisieron llevar, pero no, porque yo lo había agarrado de la mano y se los saqué a la fuerza, hasta que pudimos salir corriendo", se enorgullece.

Se pusieron de novios. "Pero esos noviazgos de que nos veíamos a cada rato", ríe Paola. Él empezó a ir a su casa, a visitarla bien peinado, perfumado, en combinación de tonos. Ella lo iba a ver a la San Francisco. "Yo tenía diecisiete, y él creo que era un poco más chico que yo, dieciséis... Yo, de edad, era más grande. Y bueno, pasamos unas fiestas en mi casa, con Sabina. Y después no sé por qué nos alejamos... ¿cómo te puedo decir? Era muy mujeriego. Yo estaba acá un día y lo llamaban por teléfono, entonces una pelea va, una pelea viene, nos fuimos alejando un poco... Pero era muy bueno de corazón. Yo siempre le pregunto a la gente '¿de qué signo sos?', y si me dicen 'de Leo', yo digo 'el mejor signo', a pesar de que son mujeriegos. Porque saben tratar a una mujer, en el sentido de que no van a las manos, mucho cariño, mucho amor, mucho para dar... Eso para mí valió mucho, porque fue el único novio que tuve que me supo tratar. A mí me tocó mucho lo que le pasó, pero son cosas del destino. A veces pensamos en hacerla abuela a Sabina, pero éramos muy chicos...".

Laura, la mejor amiga del Frente, una de las pocas chicas del grupo que no pasó por sus brazos, se acuerda de Paola porque cuando Víctor le decía "chueca", ella le contestaba "culo negro". "Es que era culón", dice María, en la misma conversación de ex novias del Frente. "Y al poco tiempo allá atrás —por la villa 25— le empezamos a decir 'culo negro'", ríe Laura recostada sobre la mesa de la casa de Sabina donde ella, María y la Negra, una tercera ex noviecita del Frente, rememoran sus aventuras con el mismo chico.

—Y a mí me decía... ¿cómo era que me decía? —quiere acordarse Laura.

—¡Culo-caí! —gritan todas las otras a coro.

—Yo una vez pasé toda seriecita: "Hola, Frente. ¿Cómo te va?". "¡Bien, culo-caí! ¿Y vos?". Y ahí me quedó... O como después nos decía con la Negra, "las Melli", las dos con el culo caído.

Las chicas se ríen del Frente como en pequeños actos de inocente venganza. Comparten las anécdotas de sus amoríos con él sin recelo, despojadas de la envidia profunda que podría animar a las ex novias de cualquier hombre que aún estuviera vivo. Él las conoció a casi todas cuando era un nene de primaria con el brazo enyesado y fueron viéndolo crecer, hacerse de ese carácter y esa fama que lo llevó en tan poco tiempo a cierta cima dentro del barrio, a ese escalón superior en el que se ubica el que tiene vida de ladrón y logra el respeto de los vecinos con su conducta en el interior del propio territorio. Pero las chicas lo recuerdan al comienzo como "un boludo", "un chiquilín", como alguien que luego sorprendió al pasar al lugar de los ganadores. "Nosotras, cuando empezó a irle bien con las pibas, decíamos 'mirá el boludo este, tan boludo que era y al final se las volteó a todas'", dice Laura en la reunión de compinches, y las chicas festejan. Laura y Valeria eran las que aportaban las coartadas de Víctor y sus varias novias. "Él se las arreglaba para que no se le juntaran y si se juntaban se hacía bien el estúpido", dice María.

El Frente no podía cortar fácilmente ninguna de sus relaciones. Desde los trece que se fue enganchando con diferentes chicas del barrio y de otras villas. Una de las que más lo perdió de amor fue Belén, hasta que se fue a vivir a Entre Ríos. "Acá enfrente, en uno de los pasillos de acá enfrente. Me acuerdo que los sábados hacíamos joda en la casa de la piba, y siempre pedía comer pizza... nos hacía pizza la señora. Después, cuando ya era la hora de irse a dormir cada uno a su casa, salíamos y la chica se quedaba despierta por él. Esperábamos que el padre se acueste a dormir. Ella tenía la pieza que daba al pasillo de la calle, entonces nosotros con el Frente nos quedábamos en la punta del pasillo, ella nos hacía señas y yo lo hacía entrar al Frente por la ventana para que se quede ahí...", recuerda Valeria, la cómplice. Y Laura sostiene que Belén fue la única novia en serio: "Antes de que le pase lo que le pasó, estaba por irse a Entre Ríos, le había propuesto a la madre y todo que lo acompañara. Él quería ir a los carnavales para ver a la chica".

Esas relaciones cortas pero intensas que tuvo Víctor provocan desde ternura hasta odio en las mujeres de su vida reunidas a recordar. Una de las que peor humor les causa es la de una chica de otro barrio con la que estuvo a punto de irse a vivir cuando ella había quedado embarazada. Después de aquel fracaso, Laura, María, la Negra y hasta Sabina la recuerdan con un dejo de desprecio. "Estaba muy contento, decía que quería rescatarse, se había puesto las pilas, había pintado todos los muebles, había puesto todo para tener el bebé. Me decía: '¿Vos querés ser la madrina? Porque yo me voy a poner las pilas para mi hijo'... Después estábamos re calientes cuando nos enteramos todo lo que hicieron. Por ahí, si hubiese... está bien, uno no tiene que echarle la culpa al pasado, ni ponerse a pensar si hubiese pasado esto, no hubiese pasado lo que pasó... pero por ahí, si no se hubiese sacado el bebé, o él hubiese sido papá, no le hubiese pasado lo que le pasó. Pero bueno, es el destino. Cuando te llega, te llega, pienso yo".

María es la que más enamorada, a pesar del paso del tiempo, parece aún del ídolo muerto. En ella, con su cuerpo moreno y largo, la cara angulosa, el flequillo Stone, el silencio sobre una mirada tajante, se dio la dialéctica de ser un día la novia y al poco tiempo la novia del amigo, en este caso, Chaías. Casi todas las mujeres de la villa reconocen que maliciosamente hicieron cuentas con los dedos de las manos para descartar la posibilidad de que los mellizos de María, Víctor Manuel —como el Frente— y Joel, sean en realidad hijos del ladrón santificado, y no de Chaías. Pero las cuentas no dan. María quedó embarazada un mes después del asesinato del Frente. Yo la conocí en la casa de Sabina una de las primeras noches que cenamos en esa cocina donde la televisión siempre está encendida. Ella entró con los bebés, la había llamado especialmente Chaías porque quería que conociéramos a sus hijos.

María es una mujer de genio corto, de manos fáciles. Del rancho en el que vivía con Chaías y su familia María se volvió al de su madre y su padrastro, Chano, el *dealer* que siempre detestó que se juntara con el Frente. El verdadero padre de María sí lo estimaba y con él solían pasar largas tardes de charla. El padre biológico de María es, en realidad, el hermano de su padrastro. Su madre pasó a casarse con el hermano del que era su marido durante una larga estadía en la cárcel. Silenciosamente, María no parece hacer más que reiterar esa vieja traición.

María es una chica dulce cuando habla, pero en ese tono casi lúdico que asume resuena cada tanto una anécdota en la que la violencia llega como un ramalazo irrefrenable. Hace algunos meses Chaías tuvo que quedarse varios días en su casa, con algunas huellas moradas de lo que fue la última gran pelea con María. Él le mintió, le dijo que no saldría. No faltó quien le contara que lo habían visto con otra. Los encontró en la cama que habían compartido. Y se ensañó con los dos. "Ya nos separamos otra vez. Somos así, que nos peleamos, nos arreglamos. Anoche me fui al baile y él no estaba, pero me da igual a mí si está todo bien o todo mal. Aparte, él está en el baile y yo hago de cuenta que no está, porque yo ni hola le digo cuando paso por al lado. Como que ni lo conozco. Anoche no fue y ahora no va a ir por un par de meses... porque el otro día le pegué. Lo que pasa es que yo soy buena, todo lo que quieras, pero donde me buscaste... aguantátela. Me traicionó y lo cagué a palos. Por atrevido".

"Ella se dio como ocho puñaladas en la panza la última vez que yo la dejé", me contó Chaías. "Y si agarra a alguna piba que anda conmigo ya la quiere agarrar para pegarle, es así ella". Entre las chicas con las que tuvo que competir, la que más repulsión le causó fue Belén, esa idealizada novia en serio que le adjudican a Víctor, con quien se vio hasta último momento. "Yo ya tenía ganas de darle una paliza, hasta que un día pasaba por el frente de su casa, a la vuelta de la mía, y ella me burló desde adentro. Como no le podía pegar porque había rejas, le tiré un piedrazo y le rompí el vidrio. Después al tiempo le pegué. La dejé caminar, tranquilita.

Ella empezó a andar por la calle, y ahí, cuando ni se la pensaba, le di. Se confió y perdió".

María comenzó su historia con Víctor como una pequeña heroína. Se conocieron una noche de domingo en el Tropitango y al día siguiente Víctor caía preso. Sentía que no habría otro amor así por entonces, y decidió escaparse de su padrastro, para ir a visitarlo al instituto de máxima seguridad de Mercedes, una de la veintena de veces que él fue detenido y encerrado. "Encima, yo pensé que íbamos a volver más temprano, salimos como a las ocho de la mañana y vinimos como a las nueve de la noche... y mi mamá entreteniéndolo al marido, diciéndole que me fui para acá, que después venía, y que esto y que el otro. 'Sí, pero no viene, mirá la hora que es.' Y yo ya venía re contenta, una vez que lo vi, ¿sabés qué?... después lo que me dijeran no me importaba".

El Frente tenía un humor negro a prueba de tiros. Nadie lo recuerda deprimido, triste, malhumorado. No abandonó jamás el talante de gastador, de subrayador de defectos, refregador de conquistas. No perdonaba ni a los más amigos ni a la policía a la hora de dejarlos en ridículo. "Él era más cercano a Gastón, el hermano del Chaías, al comienzo, pero después cuando yo me fui a vivir para lo del Chaías, ahí empezó a hablar más con él. Para colmo lo cargaba: le decía 'qué, te tienen atado, no te dejan salir...', y yo estaba ahí y me quedaba así —con la mano en el mentón—, mirando la tele, y no le contestaba nada... Le decía todo para pelear. O por ahí yo lo llamaba para hablar por teléfono, porque no me aguantaba las ganas de hablar con él, y él hacía como que abría la puerta, y gritaba para afuera: '¡Eh, Chaías, mirá tu mujer, me llama por teléfono!'". Y lo peor es que lo llamaba todo el tiempo. Sabina dice que la enloquecía llamando y cortando cuando no era él quien atendía. Sabina se persiguió, le dio miedo, creyó que podía ser el padre del Frente, que cada tanto volvía con alguna escena, y se compró un identificador de llamadas.

Con Paola, después de que ella pasó a tener un nuevo novio, tampoco se decidió a terminar. "A veces cuando él me llamaba atendía el papá del nene, y le decía '¿me das con Paola?' y yo, colorada, no sabía qué hacer, atendía el teléfono y le decía 'hola, Víctor, ¿cómo andás?', y me decía 'eh, ¿por qué ese gil de mierda atiende el teléfono?', y el papá del nene estaba escuchando por el otro teléfono. Y bueno, un montón de veces se putearon y todo, pero nunca llegaron a los tiros. A veces iba a mi casa y abría la puerta el otro. Una vez yo había venido para acá, porque yo tenía una moto grande, y a él le encantaban las motos, me vine a buscarlo a él. Nos fuimos a dar un montón de vueltas. Lo dejé y me invitó a bailar a la noche, era un viernes. 'Bueno, sí'. Él me pasaba a buscar por mi casa. Y no llegué a mi casa, porque choqué con la moto y mi prima llamó a mi novio. '¿Para qué lo llamaste? ¿No ves que ahora va a venir Víctor?', vino Sergio, mi novio, que le dicen también Bolero, y al rato vino Víctor, con Manuel, ¡ay, no lo podía creer, yo! Salí toda torcida a atenderlo en la puerta, y Sergio con una cara... Y Víctor 'hola, Pao, ¿qué te pasó? Al final no vamos a poder ir a bailar'. Hablaba fuerte a propósito. Sabía que estaba Sergio adentro. Me dijo: 'Qué lástima, no vamos a poder ir al Tropi, ¿por qué no me dejaste manejar a mí la moto? Al final manejaste vos la moto y te caíste'. En un ratito dijo que yo había estado andando con él en la moto, yo no lo podía creer. Después Sergio abrió la puerta y se fue. Yo me quedé hablando con ellos afuera, estaba toda raspada. Conmigo estaba mi hermanito arriba de la moto, así que lo hice pelota. Sergio se fue a la casa de mi abuela, en la ruta, se quedó sentado ahí con una cara de traste terrible y ellos salieron en *remise* y él pasó a gritarle: '¡Eh!, Bolero, cornudo, tu novia estaba conmigo en la moto. Tu novia es mía', le decía".

Paola sueña todavía con el Frente. Sueña que ella baila en el Tropitango mezclada en la multitud, pensando en que están peleados, y de pronto por los altoparlantes se escucha: "Paola, que te presentes en la puerta que te espera Víctor", y ella sale, pero afuera no hay nadie. Y entonces, al rato, ella sigue bailando, y otra vez; "Paola, dice el Frente que te apures", entonces ella sale, temerosa de que la espera para pelearse, para recriminarle que se fue a bailar sin él, y él está con las manos en los bolsillos y una sonrisa enorme: "¿Viste la joda que te hice? ¿Te asustaste, no?". Paola sueña con que se van a comer un pancho juntos y después vuelven al baile de la mano, de novios. "Sueño con él, la otra vez soñé, y yo le conté a Sabina. Y mi mamá me dijo que cuando soñás con un fallecido es porque quiere que lo vayas a ver, entonces yo le dije que para el cumpleaños le voy a llevar flores. Soñé que yo iba a verlo al cementerio y él estaba parado y me decía que le gustaban las rosas amarillas, que quería que le llevara una rosa amarilla. Yo le decía '¿cómo vos estás acá, si vos...?'. Y me decía: 'Siempre voy a estar, siempre estoy'. No sé si será verdad, pero a veces estoy en mi casa y se escuchan ruidos, se escuchan cosas, entonces pienso 'ahí está'. O creo que es mi primo, porque a mi primo también lo mató la policía. Pero más que nada pienso que puede ser Víctor, porque yo soñé que él me dijo que siempre va a estar. O capaz que siempre va a estar porque siempre soñaré con él. Yo creo que él puede ser una presencia especial, alguien capaz de aparecerse, o de cuidarte, de ser alguien superior por la manera superior que tenía de ser en vida. Él, aunque ladrón, siempre tuvo un corazón groso. Esa vez que con Manuel y Simón se robaron el camión de La Serenísima y se lo regalaron a la villa me lo acuerdo a él que también se había agarrado un yogur y se sentó ahí en la esquina. Miraba cómo los chicos se tomaban los yogures, y él se tomaba un bebible, y decía 'esto es vida'".*

* Paola fue detenida por orden de un juez de San Isidro. Se la acusa del homicidio de su madre, asesinada de un tiro en la cabeza mientras dormía.

Capítulo IV

Cuando conocí a Simón, ya me habían dicho varias veces que ese chico experto en asaltos y fugas había adelgazado treinta kilos en el último período de encierro. Pero yo, entre los nervios después de esperar un año y medio para conocerlo y mi desmemoria, lo idealizaba casi tan ancho y poderoso como en las fotos que su madre y sus hermanos me mostraron, como en ese autorretrato al óleo hecho sobre la pequeña mesa de un pabellón del Almafuerte, en el que mira con un destello dibujado con precisión sobre el marrón de la pupila, él, señorial y serio, un aire a Elvis Presley adolescente y desmadrado. El día en que lo vi, en una oficina despojada, hacía ya dos años y tres meses que estaba preso en un instituto de máxima seguridad, y llegar a él parecía imposible hasta que una casualidad hizo que nos encontráramos, mezclado entre sus hermanos, una amiga de su edad y su madre. Me saludó con desconfianza pero apretando la mano como a un revólver viejo. Había hablado con sus amigos, entre quienes se lo recuerda no sin cierto misticismo de pequeño antihéroe bardero. Los "maestros" —que así llaman a cualquier empleado de minoridad los chicos encerrados— y también los funcionarios hablaban de él como un líder duro, intransigente, inteligente y de trato escaso y difícil con la autoridad.

Para la mayoría de los chicos que habían estado con él en alguno de los, por lo menos, veinticinco lugares en los que había sido encerrado desde los trece, Simón era algo así como un ejemplo de fortaleza, uno de los chicos más sabios en la pena de pasarse toda la adolescencia recluido. Los funcionarios de los institutos en los que estuvo preso me contaron que su fama era tal que al visitar los lugares algunas personas pedían verlo para ratificar el estigma que sobre él pesaba. Se sorprendían al encontrarlo en su celda concentrado en la lectura de algún libro sobre el Che, de verle la mirada tranquila de alguien que no siente deberle nada a nadie. La idea que los otros ladrones tienen de Simón es la de alguien capaz de despreciar los beneficios mínimos con que suelen premiar a los pibes presos para desafiar a la autoridad en busca de cierta dignidad. Pude verlo levantar las cejas vehementes al contar sobre la calle, el devenir de violencia, sus ocho tiros en el cuerpo, las veces que sintió que se le nublaba la vista y que eran esos los últimos minutos de su vida, la parte en que ya no recordaba ni su nombre.

Durante su internación hubo un momento en que comenzó a engordar como si el tamaño de su humanidad lo fuera inmunizando contra las balas de la policía y los "embrollos" de la villa. Creció endureciéndose en las comisarías, los institutos de todo el conurbano y los pasillos de la San Francisco, la 25 de Mayo, Alvear Abajo, Santa Rosa, San Pablo, la Cava, La Esperanza, la Treinta, la Santa Rita, guetos de pobreza de la zona norte. En todas tuvo un rancho de amigos que lo aguantaron más de una vez, en varias se tiroteó con los que osaron cuestionarlo, con otros que le dirigieron la mirada equivocada o con auténticos enemigos. La primera vez que nos vimos, lo único que alcanzó a contarme fue uno de sus amaneceres, una de esas veces en que de pronto, como si lo hubiesen pinchado con unas agujas de coser, sintió cierta levedad en el cuerpo y la tibieza húmeda de la sangre empapándolo. Entonces, Simón tenía tantas caídas como para que su porte y su cara fueran para la policía, especialmente la de San Fernando, un blanco móvil interesante, un valor en sí mismo. "De repente, sin darme cuenta, empecé a sentir 'el Simón de acá, el Simón de allá', y la gorra te empieza a junar hasta que sos un número fijo". Su sobrenombre, y su nombre completo, se hicieron famosos. Sus amistades también: Simón es uno de los chicos que en la época dorada del robo callejero, cuando los pibes todavía podían dilapidar pequeñas fortunas en noche, bailanta, merca y chicas, en repartijas generosas de botines, "salía a trabajar" con Víctor el Frente Vital, el santo de los pibes chorros.

Al Frente ya lo habían matado de cuatro balazos de 9 milímetros que le silenciaron el grito de "no tiren, nos entregamos" cuando Simón hizo uno de esos movimientos que lo llevan a uno a no parar de cometer errores durante un par de días, hasta que se revienta algo, quizás uno mismo. Simón pasaba una tarde tranquila de viernes, pensando que se tomaría un par de pastillas apenas le terminaran de dibujar ese dragón alado en el pecho con tinta de la buena, mucho mejor que con la que le habían estampado la "M" de "MADRE" y los cinco puntos enormes que significan "muerte a la yuta"; una cobra, una hoja de marihuana, el nombre del amigo muerto con letras de molde y sombreadas: FRENTE. El sonido del motor de la máquina tatuadora de fondo, la mente en algo diferente al dolor, Simón planeaba ir esa noche con Mariela, su novia de entonces, al Tropitango. Al fin y al cabo, era vecino de los muchachos de la nueva cumbia. A Pablito Lezcano lo conocía desde que era un pibe. Apenas nos vimos me contó que Pablito le había enseñado a andar en bicicleta mucho antes de convertirse en cantante millonario y él, en un ladrón demasiado joven con códigos de los viejos tiempos. Entonces el Tropi era el plan de los fines de semana: solía haber dinero para colgarse una jarra de Fernet con Coca y varias pastillas de Rohipnol en el cinturón, dejar que la sed se apagara hasta que a la madrugada los de seguridad los corrieran como a una manada mansa de ese gigantesco galpón y los echaran a la cruel claridad de las calles descampadas que hay alrededor de la Panamericana, cerca de la ruta 202.

Estaban por terminarle el tatuaje cuando llegó Adrián el "Cabezón" Manso. Más que robusto, cuello y puños de piedra, maestro en la pelea cuerpo a cuerpo, en la manera de hacerse grande de repente, se habían conocido con Simón en la comisaría de Talar, cuando esa seccional era sólo para menores. El Cabezón, el "Cabe", se convertiría con imparables internaciones en uno de los pibes más demonizados por la máquina estatal de la minoridad, castigados, temidos a raíz de ese estigma que una vez instalado no se detiene con palabras lóbregas.

En palabras del propio Simón, el Cabe siempre fue un pibe que anduvo en "problemas". "Lo conocí preso, en comisaría y después en instituto. Él es más chico que yo. Cuando laburaba con él, él tenía trece y yo dieciséis. Ahora debe tener diecisiete. ¿Cómo era? Él era entonces como siempre, loco. Es loco el pibe, mucho más cuando está empastillado. Yo a veces lo llevaba para mi casa y le pedía que dejara los fierros porque no daba que los llevara todo el tiempo y él 'pero no, porque por ahí pinta embrollo'. Porque el chabón ya tiene esa mentalidad de que pinta embrollo en cualquier lado, porque el chabón ya tiene un par de broncas largas. Y él va re seguro con los fierros en la mano adonde vaya, no le queda otra, dice". Simón reconoce que Manso se ha visto cautivo del mismo sino: permanecer la mayor parte del tiempo preso. "En eso éramos iguales", dice Simón. "En esa época se escapaba un lunes del instituto y a la semana caía otra vez. Siempre", repasa su madre.

Por eso, el día que llegó a la casa del tatuador en la villa, el Cabe le dijo, apenas lo vio sentado, que andaba en problemas. "Prestame un par de fierros", le pidió agitado. "Llevate tres revólveres", le dijo Simón y siguió con ese leve ardor en el pecho que le iba creciendo con los minutos. No pasó ni una hora hasta que Manso volvió. Estaba más desesperado. Allá afuera tenía una breve pero contundente lista de enemigos casuales, y a los catorce, incluso ya un par de históricos rivales, amén de la Policía Bonaerense. Ese día regresó a buscar también a Simón para que lo bancara, para que le consiguiera más fierros y lo acompañase. Andaba en un auto robado, un Audi. Hacía dos días que no dormía y las pastillas le habían convertido la ansiedad en una herida ácida, acuciante. Salieron juntos, Simón con el dragón fresco bajo una remera negra. Cuando llegaron al barrio a buscar las armas en una de esas quedó solo esperando al Cabe sentado en el lugar del acompañante. Miraba por el espejo retrovisor, miraba hacia los costados cada tanto y vigilaba que la calle estuviera tranquila. Al rato vio que se acercaba un pibe; alguna vez había tenido con él un entredicho, ni siquiera recordaba cuál. "El pibe se acercó al auto a correrla de loco", que es ni más ni menos que "hacerse el loco", exagerar la valentía, el arrojo, mostrarse como un jefe sin serlo, abundar en insultos, en amenazas, jugarse la vida.

El pibe traía un ladrillo en la mano, hablaba, no paraba de balbucear fuera de sí que él tenía respeto, que venía de estar preso, que se la bancaba.

—¡Aguantá, guacho! ¡Pará un cacho! ¡¿Qué te pasa?! ¡Andá p'allá!

Pero el pibe avanzó, cuenta Simón, y por allá vino corriendo el Cabezón Manso con las dos pistolas que habían ido a buscar, recién cargadas. Apenas alcanzó a escuchar los tiros, el Cabezón ya tenía el pie a fondo en el acelerador y las ruedas del Audi escarbaron en el barro de la villa, justo donde empiezan cuatro pasillos juntos, como un abanico hacia adentro de los ranchos. En menos de un cargador, el pibe quedó tirado. Pasaron varias horas y unas cuantas pastillas hasta que se enteraron de que en el tiroteo una de las balas, perdida, rebotando en el revoque grueso de las paredes y en alguna chapa que otra, y mató a una nena que jugaba a la mamá en un rancho cercano. La familia de la niña acusó a los chicos ante la justicia. Ese homicidio le significó no pocos problemas a Simón. Cuando me lo contaba, así, al pasar, así, sin más que una indicación breve sobre el "par de tiros" percutados, recordé las veces que Mati, su madre, y Estela, su hermana, me hablaron sin dar detalles del "accidente de la nena".

Simón dice que nada les hizo pensar después de ese breve tiroteo que había algún herido. Por eso él, con las primeras pastillas de la noche encima, volvió a la villa 25. Lo llevó en el caño de una bicicleta uno de los siete hermanos de Manso, a la casa de una mujer que desde que era casi un niño le daba protección. En el camino habló con Mariela y quedaron en verse a la noche para ir al Tropi. Pero cuando llegó al rancho, una de las hijas de Marga, Bety, madrina de Simón, lo vio tan doblado y con las armas en la cintura que lo convenció de que se tirara un rato en la cama. Se quedó dormido. Cuando se despertó eran como las cinco de la mañana. Mariela y dos amigas estaban alrededor de la mesa de la cocina hablando con la madrina. Simón pensó que saldrían para el Tropi pero era muy tarde, las cinco y media. Los del barrio se habían vuelto. Se enojó.

No pasaba demasiado tiempo afuera desde que comenzó a caer preso, así que perder una noche deseada, con su chica, con los amigos, le causaba el malestar de una pérdida difícil de medir para quien no sabe lo que es ser un reo. "Estaba enojado, muy embroncado porque no íbamos y me había dormido la noche del viernes, con todo lo que había flasheado que íbamos a hacer. Y como a las seis de la mañana la prima de Mariela me viene a avisar que la habían llevado presa por el hecho de la nena, sospechaban que ella estaba conmigo cuando la criatura murió". Era un aviso suficiente para no instalarse en la casa de siempre, en el rancho de su madre o en la casa de un hermano. Salió de gira, a robar.

"Me fui para Santa Rita. De Santa Rita me fui a la Cava, y de la Cava a la Santa Rosa. Y ahí estuve como dos días. A esta altura yo andaba como si nada, como si nunca nada", dice relajado, con su hermano menor, el de ocho, en los brazos, sentado en el banco de un edificio de tribunales. El lugar se viene abajo de expedientes de menores, la inmensa mayoría no por los delitos que cometieron, sino por haberse quedado sin el sostén de ningún adulto antes de tener edad para trabajar. Javier, ojos de un verde esmeralda sobre una cara angulosa, es el hermano mayor de Simón y lo visita en estas instancias en que por una u otra cosa tiene que "bajar" a un juzgado desde el instituto en las afueras de La Plata. Javier también conoció tantos institutos como chicas hermosas de la 25. Él también deambuló por calabozos de la zona norte, y robó más de lo que puede recordar en media hora de una mañana fría esperando a Simón en un salón repleto de mujeres ansiosas por cruzar una palabra con el empleado de un juzgado de menores.

Aquel día en que Simón deambulaba junto al Cabezón, Javier también estuvo con ellos. Juntos asaltaron un supermercado pegado a la estación de La Lucila y sacaron, se acuerda muy bien, ochocientos sesenta pesos para cada uno. Por eso fueron a la Santa Rosa. En el rancho de unos amigos tenían ropa limpia para cambiarse y salir a una bailanta de la Capital. Tenían plata como para comprar lo que se les diera la gana. Al Cabezón le dio ansiedad por "rescatarse" de las pastillas y calarse unos tiros de la cocaína que en uno de los ranchos de los Toros se compra día y noche.

Los chicos de la 25 y la San Francisco y los Toritos de Santa Rosa se conocían hacía ya tiempo. Entre ellos no había habido tiros, pero esa circunstancia azarosa no responde sólo a la parsimonia con que cada uno trate al otro, sino a los reveses de ser unos ladrones y los otros, transas, *dealers*, distribuidores locales de "merca". Esa es una antinomia extraña en la que de fondo se juega el resentimiento del consumidor que pone el cuerpo, arriesgando la vida, para conseguir la liquidez que requiere comprar la droga, cuya ganancia entonces es sólo del transa y de la policía que lo protege. Esa noche, varias de estas rivalidades estructurales se jugaron cuando el Cabezón se paró en la puerta del rancho y escuchó que de adentro le decían que no, que no les iban a vender nada. "Los Toritos siempre fueron transas y a los transas no se les tiene ningún respeto. Ellos, que podrían hacer la plata robando, poniendo caño, se quedan ahí vendiendo porquería que le arruina la vida a la gente. Yo no digo nada, que cada uno haga lo que haga, pero no es algo que yo haría porque sería pasarte de bando, ya no ser el que eras", dice Javi, alejado del delito desde que salió de la cárcel, cartonero como su madre.

Como esa noche los Toritos no quisieron venderles, el Cabezón los amenazó. Les vendían o les bajaban el rancho a tiros. Los Toritos no tuvieron tiempo de discutir. Les vaciaron los cargadores a los dos revólveres, sin ton ni son. Las balas silbaron cerca de las hermanas de los Toritos, las Toras. "Les dejamos lleno de agujeros el rancho", se acuerda Simón. Después, menos furiosos, se fueron a dormir. Pero los Toritos esa noche no durmieron. Se quedaron tomando de su propia mercancía y cuando amaneció ya habían juntado suficiente rabia como para darle curso a la venganza.

Del rancho en el que paraban Simón y el Cabezón salió uno de los dueños de casa. Apenas pisó el pasillo, uno de los Toritos lo encañonó en la sien. Detrás de él, el resto de la familia apuntaba como un pelotón de fusilamiento caótico. Simón escuchó los gritos y salió a negociar. "¿Qué pasa? No, no pasa nada. Flashearon", les dijo. Simón tenía un 38 y un 32 en la cintura. Detrás de él varios preparaban las armas. El tiroteo podía dejar bajas en ambos bandos, estaban a pocos metros. Los Toritos decidieron simular una tregua y se alejaron.

Los dos amigos creyeron en la paz negociada. Les dio hambre. Simón y un amigo fueron a buscar comida. Caminaron uno tomando un yogur líquido, el otro masticando un sándwich, hacia un rancho en el que les iban a prestar una Itaka para un robo que querían hacer a la tarde. Y sin pensarlo, pasaron por el pasillo de los Toros.

—¡Eh, vos sos el Manso! —le dijo uno a Simón, confundido. Y le puso un fierro en la boca.

—¿Vos sos el Manso? ¿Vos sos el más guapo? ¿Sabés quién soy yo? ¡Yo soy de la hinchada de Tigre!

Le corrió apenas el caño del arma.

Entre dientes, Simón dijo:

—¡Qué me importa a mí! ¡Si vas a arrancar, arrancá y tirá! ¡¿Qué vas a hacerte ver!?

El que apuntaba a Simón estaba por callarlo de un tiro cuando en la punta del pasillo, desde adentro de la villa, otro gritó.

—¡Ese no es el Manso! ¡Ese es el Simón!

Sin darles tiempo a rectificarse antes de matar a uno que no era el Manso, apareció por un costado del pasillo, como si hubiera estado allí agazapado. Disparaba con dos pistolas al mismo tiempo. En ese instante Simón midió la distancia entre su mano y la pistola apretada entre el *jean* y la cintura. Pero lo habían agarrado desde atrás, como escudo humano. Después lo tiraron al piso. Simón dibuja en un papel el mapa de la villa Santa Rosa, frente al cementerio de San Fernando, tan cerca de la tumba del Frente. Dibuja la esquina, los senderos, el camposanto, los hombrecitos pequeños que se cruzan, la dirección de las balas, la posición de Manso, él en el piso, las balas que le cruzaron las piernas. Fueron tres tiros. Otra vez no sintió que lo habían herido, no se dio cuenta. En el desbande que produjo Manso, Simón quedó en el suelo. Manoteó el revólver, se paró y empezó a disparar buscando una salida. "Me mandé para un pasillo. Ellos salieron corriendo a una casa. Yo seguí caminando por un pasillo largo, pero sin darme cuenta que me habían dado. Llegando a la casa empecé a caer, me vi todo sangre en los pies. Yo en ese momento no estaba drogado, porque era a la mañana, apenas me levantaba. Sentí que tiraron pero no sentí que me dieron". Cuando iba por la mitad del pasillo ya no pudo caminar. "Las piernas... no las sentía, era como si no las tuviera". Simón no recuerda cómo fue que lo rescataron. Terminó refugiado en un rancho, recostado sobre una cama, rogándole al Frente Vital que no dieran con él, que no entraran a buscarlo.

"A mí me fue a buscar la madre de Manso —cuenta Matilde—. Yo estaba adentro, en la casa de la Estela. La mujer venía preguntando por mí, pero nadie le quería decir nada, porque es así, nadie te va a mandar al frente. En la esquina empezó a llorar que me quería encontrar porque lo habían matado al Simón".

Por fin un pibe le dijo dónde vivía la hermana. La mujer golpeó las manos a la entrada del pasillo que termina en la casa de Estela, en la villa La Esperanza. Salió a atenderla Javier. "Mataron a tu hermano en la Santa Rosa", escuchó. Sin decir palabra, Javier volvió al rancho. Entró a la pieza, buscó las armas. Las cargó. Matilde le preguntó qué pasaba. "Nada, mami, nada", le dijo y se fue corriendo, con la cara roja. No quería creer que la noticia fuera cierta.

Matilde y Estela salieron a la vereda. Los vecinos les contaron. "Cuando escucho que lo habían matado allá en la Santa Rosa, ahí salimos nosotras hechas unas locas. Yo estaba lavando, ni siquiera me cambié de ropa", cuenta Estela. Hay todo un no alcanzar a cambiarse la ropa entre las mujeres de la villa cuando salen a rescatar a sus hombres o a sus niños. Lo imaginaron otra vez muerto, esta vez definitivamente muerto. Subieron a un *remise*, y salieron a rescatar a Simón del peligro, del derrame de sangre, a Simón, tan sentenciado en esos días por enemigos de otras bandas y por la policía. Entraron a la villa en chancletas, enfilaron por el primer pasillo que vieron, sin importarles lo ajeno del terreno, el atrevimiento de meterse en territorio de otros, dispuestas como siempre a salvarlo a punta de empujones, de insultos, de gritos escupidos. No sabían cómo encontrarlo. No tenían idea sobre la manera de desandar los pasillos que habían transitado. En el laberinto por el que buscaban sin que nadie les diera una pista descubrieron una huella de manchas de sangre. Las siguieron hasta dar con el rancho. "Ahí estaba este, que no se podía levantar".

Simón no se quejaba del dolor. Apenas si podía hablar. Seguía más preocupado por cómo escapar de ahí y de la furia de los Toros que en curarse las heridas para detenerle la hemorragia. Podía escuchar las amenazas que venían de afuera. Eran voces de mujeres.

—¡Las Bersas, vayan a buscar las Bersas, que vamos a hacer mierda todo! —gritaban las Toras pidiendo que las segundonas fueran por las ametralladoras.

De pronto entró un patrullero hasta la esquina del rancho: había venido por otro tema, una pelea menos violenta que la de ellos, pero por la que alguien había llamado a la comisaría. Siempre Matilde los había combatido, siempre había sido el enemigo uniformado el único al que no se le pediría jamás compasión, al que antes de rogarle se le vomitaría la tumba. Pero en esa situación, encerrada, Matilde no vio más salida que salir protegida por la ley. La idea del final no era desconocida para ellas. La idea de que con Simón, con Javi y con Manuel en algún momento podrían enfrentarse a sus cuerpos yacentes estaba asumida, como estaba asumido que los chicos eran ladrones. Era mejor ayudarlos que combatir la práctica del robo, que al mismo tiempo es un impulso hacia delante, un incremento del riesgo, la posibilidad de morir en un instante junto a un amigo en un asalto, y de morir en cualquier otro por una insignificancia, por un desacuerdo, por una venganza.

Matilde enfrentó al policía. Las Toras miraban desde un poco más allá.

—¡Lo llevamos en el patrullero! —dijo entre dientes, como dándole una orden al bonaerense.

Nunca se había imaginado que pediría por favor que la subieran a un patrullero, dice, llena de risa por lo que ahora cuenta como una aventura. Y entró por su hijo. Entraron. El lugar era oscuro, una cueva estrecha repleta de trastos. Dos mujeres le daban agua, intentaban asistir al herido, y afuera los Toritos caminaban de acá para allá, haciendo del pasillo su sitio, marcando el lugar, diciendo que si se les antojaba hacían boleta a cualquiera. Matilde quiso cargarlo junto a Estela, entre las dos, pero Simón pesaba demasiado. Lo agarraron primero de la espalda como para arrastrarlo. Pero cuando intentó sostenerse él mismo, no pudo. Las ayudó un muchacho. Lo izaron como a una bandera de hierro, como a un madero viejo hinchado por la humedad y la lluvia. Entre quejidos lo acercaron al auto policial. Lo tiraron atrás. Matilde le acariciaba la cabeza. Y entre los mimos, y la mano suave tranquilizándolo porque no moriría en esa ocasión, le daba unos buenos y sonoros cachetazos para que no se durmiera y no la dejara. Mientras, tanto en la otra punta, Javier peleaba por su hermano, intentaba rescatarlo a su manera, a los tiros, sin saber que su madre y su hermana lo estaban salvando solas.

La idea de que Víctor Vital puede proteger de las balas se confirmó para los creyentes con aquel incidente en la Santa Rosa. Por la calle que hace de costado izquierdo del cementerio de San Fernando entró Javier. Iba armado con un revólver que tenía un defecto, debía correrle el cargador después de cada disparo. Manso y otro pibe de la 25 lo secundaban con dos revólveres.

Andaban en un Falcon verde. Los Toritos y su gente se habían reagrupado en la cancha del barrio jugando al fútbol, como si no sospecharan que ellos iban a volver por Simón. Gambeteaban con un ojo en la pelota y el otro en la calle. Javier se bajó antes del auto y caminó hacia el campito. En el auto avanzaba más atrás el Cabezón. Cuando aparecieron desde el extremo de la calle, salió el Falcon rojo de uno de los Toros. Javier les vio las armas fuera de la ventanilla. Les disparó dos veces. En la cancha los jugadores corrieron a sus Itakas. Habían preparado un arsenal.

A Manso y al otro les bajaron el vidrio trasero del Falcon de un escopetazo. Javier corrió hacia el cementerio. Alcanzó a andar unos diez metros entre las tumbas. Y se tiró detrás de una lápida. Las balas repicaban en el mármol, en las criptas vecinas, pasaban cerca de él, pero no le dieron una sola vez. "Le tiré al Toro un par y ahí ellos se escondieron. Como dos o tres les tiré y se quedaron en el piso". Javier pensó que nunca podría escapar, hasta que se dio cuenta de que estaba ante la tumba del Frente. Pasaron eternos segundos hasta que, contra un alambrado al costado de la salida a la calle, detectó una bicicleta como puesta allí para él. "Corrí, manoteé la bici y salí". Pedaleaba desesperado pensando en el milagro que volvería a agradecer a su amigo muerto cuando vio a los patrulleros con las luces y las sirenas encendidas. Se acercaban levantando polvo para reprimir el tiroteo. Así que, para colmo, por si lo paraban, tuvo que descartar el revólver en unos pastizales. Al día siguiente, con Simón en el hospital recuperándose de los tres tiros en las piernas, volvió a buscarlo.

Capítulo V

Al fin y al cabo, no era la primera vez que Matilde enfrentaba el devenir sola. En definitiva, casi había nacido con ese destino: vino al mundo un día de 1957 en Mar del Plata y su padre biológico, agente raso de la policía bonaerense, murió asesinado por un malevo cuando ella aún no había cumplido un año. Por eso, Matilde y su hermano mayor dejaron la ciudad para instalarse en el pueblo de la familia materna, Chillar, cerca de Azul. Allí por lo menos su madre podría trabajar de planchadora en la tintorería de unos tíos. Y mientras ella se ganaba un salario, los abuelos maternos y los tíos criaban de a turnos a los chicos. Matilde recuerda esa infancia de provincia como una etapa feliz. "Ellos incluso me mandaron a jardín, nunca me faltó nada". Cuando tenía siete años su madre conoció a su segundo marido. Y al poco tiempo se mudaron todos a Olavarría, donde él era operario de la fábrica de cemento de Amalia Lacroze de Fortabat. A Matilde y su hermano no les faltaron los zapatos, los dos fueron al secundario a sendas escuelas religiosas de Azul, adonde los llevaban cada día en carros tirados por caballos. Matilde marcaría en su vida una curva que iría, por demasiadas razones, de aquella niña mimada a una mujer al frente de un hogar de seis hijos mantenidos con el trabajo de juntar cartones en carros similares a los de antaño.

Hasta los quince estuvo con su madre y su padrastro, con quienes no recuerda mayores conflictos. Pero después de su maravillosa fiesta de quince, Matilde recibió la pésima noticia de que se venía un hermano en camino. Resultó mujer, y eso lo hizo un ser aun más detestable, reconoce, autocrítica después de treinta años. Luego, para colmo, vinieron los mellizos. Hacia los dieciséis, los gritos y las peleas con el hombre al que finalmente le decía papá fueron insoportables. Hizo todo lo posible para marcharse, para no vivir un segundo más en compañía de esa competencia intolerable de hijos legítimos. La única alternativa fue ingresar como niñera de una pareja de médicos de Olavarría: prestó servicios durante tres años, de los dieciséis a los diecinueve. Y otra vez volvió a sentirse ahogada. Quiso visitar a su abuelo materno en el pueblo, no la dejaron, y decidió renunciar. Encontró ayuda en una prima casada con un gitano de Mar del Plata. Para allá partió Matilde, sin saber que ella también terminaría enredada con un amigo de la pareja, también gitano. Ella se dejó llevar. Él se enamoró. Matilde tiene unas fotos maravillosas de esa época, donde ella es una reina pop con el pelo lacio y los ojos más verdes de la costa. "El problema es que según sus tradiciones cuando un gitano se enamora no hay otra salida que el casamiento, y esa idea de quedar prendida para siempre a mí no me gustó nada, así que pronto me escapé". Partió para Morón, sola otra vez, hacia la casa de otra familia de la comunidad. Allí se quedó hasta que a los dos meses supo que no sólo su novio gitano sino también su suegro llegarían a buscarla. Decidió entonces apurar los planes que en secreto había logrado hacer con la dueña de casa como cómplice: huir las dos del casamiento obligatorio hacia el Tigre, donde las refugiarían en la casa de los parientes de la otra.

Llegó a vivir a la villa Garrote. Hacían la digestión de la segunda cena cuando al rancho de Tigre llegaron los hombres de la familia despechada a buscarla. "Ellos iban a pelear a morir para recuperar esa presa que se les había escapado. No teníamos salida, era por la fuerza o nada, así que a mí me hicieron saltar por el rancherío del fondo". Cruzó un cerco como una valla de competición y se refugió a la orilla de un brazo del río Luján. No era profundo, pero ella no se animaba a meterse en el agua sucia del riacho por el pánico a las anguilas. Un buen muchacho que la vio le tiró un tronco como si fuera una capa de antiguo caballero y Matilde cruzó hasta la otra orilla.

Su amiga no alcanzó a escapar. Tuvo que volver con los gitanos. Ella se quedó a vivir en el rancho de los familiares ajenos. Fue durante la mejor época de la murga en la historia de la zona norte. Por aquel entonces ardían cada verano los carnavales que sobre la avenida Avellaneda hacían bailar a todo Virreyes y aledaños. Fue en esas fiestas donde conoció a Mario Fuentes, un joven lleno de alegría que tocaba una guitarra con la que se paseaba por los patios veraniegos y los asados. Así se enamoraron; escuchando y bailando Los Wawancó, Los Iracundos, Julio Jaramillo y Rosamel Araya.

Ocho meses anduvieron de novios. Hasta que Matilde quedó embarazada de Estela. Se amucharon en la casa de los padres de él y pasaron varios años hasta que nació Javier. Era un bebé cuando Fuentes comenzó a ver a otra mujer, a la salida de su trabajo como apilador de maderas en un aserradero. Matilde nunca fue una chica de humores apagados. Así que "la otra" trajo a la pareja el conflicto permanente. Él comenzó a beber más de la cuenta. Estaba borracho el día de la última pelea, el día en que ella se cansó. Él levantó la mano para azotarle la cara. Ella le hincó la tijera cerca del pulmón. Dejó a los chicos durmiendo y marchó a la Otero.

La Otero es la comisaría de San Fernando donde luego sus hijos estarían más de una vez presos. Allí se animó a hacer la denuncia por golpes, aunque ya estaba embarazada por tercera vez. Esperaba a Manuel. Dijo que tenía miedo, pidió que la acompañaran a su casa. Fueron en una estanciera azul, se acuerda ahora Matilde. Apenas ella entró al rancho, Fuentes se le tiró encima como un animal herido y furioso. En el corto tiempo que ella había demorado en denunciarlo, Fuentes se había tomado un litro de vino. Lo inmovilizaron entre varios y lo esposaron para llevárselo. Los chicos se despertaron con los ruidos. Estela recién aprendía a caminar. De la mano llevó a un policía hasta el cajón de la cómoda donde sabía que su padre escondía un arma cargada.

Matilde tardó apenas unas horas en trasladar lo poco que tenía a la casa de una vecina evangelista. Con su último sueldo de obrera en una fábrica, compró los pasajes para volver a Olavarría a la casa de sus padres. Pasó casi todo el embarazo de Manuel acompañada por su familia, y el niño nació casi con la democracia, en la ciudad cementera. Fuentes se enteró, y no tardó en llegar escoltado por su propia madre y una cuñada, a buscar a su mujer y sus hijos. Se reconciliaron. Volvieron todos juntos a San Fernando. El romance duró lo que les llevó el primer enfrentamiento. Volvió a abandonarlo y en uno de esos veranos, en el carnaval de la calle Avellaneda al fondo, conoció al Pájaro Miranda. Él sería el padre de sus otros dos hijos, Daniel y Gonzalito. "Decidimos casarnos legalmente y para cobrarme lo que Fuentes me había hecho lo anoté a Manuel como hijo de Miranda. Fue una venganza", confiesa Matilde.

Entiendo entonces por qué Manuel siempre me ha dicho que se lleva bien con su padre legítimo y que quiere recuperar su apellido, que ha intentado hacer el trámite del DNI. Entre el Pájaro y él nunca hubo sonrisas. Su padre Mario, en cambio, le despierta todas las simpatías: "A mi viejo lo sigo viendo, está todo bien, voy a la casa de él, nos llevamos bárbaro. Él es ayudante de albañil y además anda con los gallos, con los pájaros. A los gallos los cría y los hace pelear, los demás apuestan y levanta la plata cuando gana el gallo de él". Cuando Matilde se juntó con Miranda, Fuentes quiso recuperar a sus hijos, especialmente al primer varón, Javier. Matilde decidió hacerlo desaparecer del barrio: lo mandó a Olavarría. Javier vivió con un tío entre los tres y los siete años. Javier tiene un recuerdo de ensueño de ese tiempo provinciano. "Yo me acuerdo que tenía zapatillas, que tenía guardapolvos, que iba a la escuela, después tomaba la leche, salía a jugar un rato, hacía los deberes y a las ocho y media adentro, nada de andar en la calle".

Fue avanzada la década del noventa cuando la historia de los Fuentes y los Miranda comenzó a complicarse. Hasta ese momento sostenían la casa con el sueldo de Matilde como operaria y el de Miranda, que era vigilador privado y carnicero. La fábrica cerró y Miranda pronto también perdió los dos empleos. Fue la imaginación de una vecina la que les dio una alternativa. Se le ocurrió que podían comprar rejillas, trapos para lavar, a bajo costo, para revenderlos como ambulantes en las barreras de los trenes, desde Congreso hasta Sucre, en el barrio de Belgrano. Era otra época, vendían casi todo lo que llevaban hasta la Capital. Y como volvían con las manos vacías, se entusiasmaban en revisar lo que los nuevos ricos y las clases medias beneficiadas por el primer impulso del menemismo tiraban a la basura. Eran épocas de recambio de muebles, de accesorios del hogar, de electrodomésticos. Ellos hurgaban en esas sobras. "Volvíamos cirujeando, al comienzo como una diversión, para aprovechar, y después ya para vivir de eso". Matilde y sus hijos fueron de los primeros que en la villa San Francisco, cuando la calle Sarratea todavía no era calle y los ranchos se desparramaban por el campito que da ahora a un depósito, tuvieron caballos y carros para salir a cirujear. Al frente, mirando hacia lo que queda de la villa después de la urbanización, Matilde tenía el rancho, con dos piezas. Sobre los fondos había una caballeriza que más tarde se transformaría en la entrada secreta para los pibes al escapar de los tiros de la policía.

Matilde y sus hijos estuvieron en las primeras filas excluidas, desempleadas, puestas en crisis por el menemismo, cuando la devastación para las clases medias y hasta para las medias bajas se veía como un imposible tras la fortaleza imbatible del "uno a uno". Cuando empezó, el trabajo de ciruja dejaba como para comer, pero nunca, cuenta Matilde, para esos gustos que sus chicos veían en Belgrano darse a los hijos de las clases "pudientes". Javier, Manuel y Simón fueron dejando la escuela a su turno cada uno. Nunca habían sido los más tranquilos. En la escuela los chicos mostraron sus personalidades. Manuel, siempre más callado, a un costado, sin usurpar el protagónico que quedaba, en principio, para el mayor. Javier, el más grande, cuando regresó de Olavarría se convirtió poco a poco en un referente de las travesuras escolares. Eran muy parecidos, más parecidos que hoy, y las maestras se confundían al culparlos por los pequeños hechos de sus tardes escolares. Era común, recuerda Matilde, que los chicos fueran juntos a la dirección y que volvieran a casa con la oreja roja de los tirones. Sentados ante las autoridades eran obligados a confesar, como si fueran mellizos, cuál de ellos había sido el del lío. Nunca consiguieron que se traicionaran, pero podría decirse con seguridad que esa instancia de sanciones fue la que después vieron repetirse a lo largo de la adolescencia, bajo la forma de la justicia de menores que tanto tiempo los mandó a encerrar. Pero eso fue apenas un poco más tarde, cuando Javier, Manuel y Simón ingresaron, casi sin preámbulos, al asalto a mano armada, que les daría dinero como para vivir ellos también, a su manera, la fiesta que los sectores más acomodados disfrutaban a pleno con el gobierno de la corrupción, el tráfico y el robo a gran escala.

A la semana de haber conocido a Simón teníamos una cita para volver a vernos y sentarnos a hablar con tiempo. Faltaba un día para el encuentro. Era temprano. Me desperté con el sonido del teléfono. Dejé que atendiera el contestador automático. Entre sueños escuché la voz de Sabina Sotello: "Habla Sabina para dejarte el mensaje, de que… lamentablemente el hijo de Matilde tuvo un accidente, está muy mal, está en un coma profundo, en terapia. Y bueno, están tratando de que Simón pueda venir del instituto a ver al hermano, así que lo vas a encontrar muy jorobado. Llamame más tarde, un beso".

Pensé en Manuel, en libertad desde marzo. Temí que lo hubieran herido en un tiroteo, que hubiera roto la promesa de no regresar al delito. Más tarde me explicaron lo que había pasado: Daniel, el cuarto hijo de Matilde, de catorce años, volvía en el "tren blanco" asignado a los cartoneros para viajar desde la capital a la zona norte, cuando se asomó por una de las ventanas sin vidrios del vagón para ver si la próxima era la estación donde debían bajar. Fue un segundo: le estalló la cabeza contra una viga de hierro. Iba con Javier: alcanzó a sostenerlo, arrancándoselo a las vías y las ruedas del tren. El vagón iba como siempre, lleno. Los que vieron el golpe, o lo escucharon, se desesperaron porque el tren no frenó. Estaban a punto de pasar por la estación de San Isidro. Pero el "tren blanco" sólo se detiene en algunas estaciones. El maquinista no quiso escuchar los gritos ("¡Frená, hijo de puta, frená te digo!") ni los golpes de los carros contra el piso del vagón. El tren siguió la ruta de siempre y Javier tuvo que esperar a que pasaran la estación de Beccar y llegaran a San Fernando para pedir una ambulancia. "Lo apoyamos en el piso, todavía está la marca de la sangre en el andén", cuenta. La ambulancia tardó veinte minutos más en llegar. El único de los hijos de Matilde que no había pisado el camino del delito agonizaba por culpa de un golpe de la misma exclusión que había provocado todas las balas de las que se salvaron sus hermanos.

Al día siguiente partí temprano a San Isidro. Simón tenía una audiencia en los tribunales y sabía que su familia pediría que le permitieran visitar a Daniel en el hospital de San Fernando. Fue una larga espera en los tribunales, por varios trámites que Matilde y su hijo fueron haciendo en diferentes pisos y oficinas del edificio: Simón estaba en la calle desde la noche anterior porque le avisaron apenas su hermano entró en neurocirugía. No había querido volver al instituto. Su madre había pedido firmar un documento responsabilizándose de cualquier intento de fuga de su hijo. "Yo no voy a ser tan gil de querer escaparme cuando mi hermano esta así. Es solamente porque queremos estar en familia. Si yo quisiera, ya me habría fugado, doctor", le dijo al empleado judicial con el que habló. Su madre también pidió por él: "Tiene derecho a estar cerca en estos momentos. Su hermano iba en el 'tren blanco'...", alcanzó a decir, pero volver a reiterar el momento del accidente le hizo brotar las lágrimas. El muchacho que la atendía y que la conocía por sus tres hijos hacía seis años le dijo que no era necesario. Que podía evitar el episodio. "Vayan tranquilos".

Mientras ella avanzaba en cada oficina, Simón me contaba su último robo, el que un viernes de junio de 1999 ni siquiera llegó a comenzar, a un costado de la villa 25. Estaba con otro pibe y con un ladrón mayor de edad con quien solamente él, el Frente y Manuel, de entre todos los pibes del barrio, estaban habilitados para salir a robar. Eran las siete de la tarde. Parecían ratones encerrados, intranquilos, dando rodeos y saltitos sobre esas zapatillas con aire, circulando por los pasillos del rancho de uno al del otro, oteando cada tanto si afuera rondaba "la gorra", que podía llevárselos en cuanto los registrara por portación de armas de guerra. Como se retrasaba la partida, reconoce Simón, le dieron "un par de cañazos a un par de pibes de Aviación", que es una villa de 202 y Panamericana, cercana a Don Torcuato. Con esos pocos pesos se fueron a comprar a un quiosco. Pasaron frente al rancho de una vecina amiga. "¿Cuándo vas a venir a tomar mate?", preguntó la mujer. "Ahora vengo, ahora vengo", le dijo él.

Caminó hacia la calle y apenas dobló la esquina sólo supo que se caía, que volvía a derrumbarse. "¡Pa! ¡Pa! ¡Pa!", dice ahora que escuchó retumbar cerca. Disparó por reflejo contra la oscuridad, apenas unos tiros, porque atinó a saltar con toda la fuerza que pudo hacia la casilla de una vecina, buscando refugio. Sintió, apenas cayó, el calor de la sangre en la panza y en el brazo. Y que se venían encima, sin poder evitar quedar indefenso. La vista se le nubló, sintió que se le confundía la geografía del rancho, que ya no veía a la dueña de casa, que les pedía llorando a los polis que no lo fusilaran.

—¡Váyase, porque a usted también la bajamos! —le decían los de la Brigada de San Isidro a la mujer.

Hasta que no sintió las esposas apretándole las muñecas, Simón no supo que eran uniformados que lo buscaban sin ánimo de fallar. "No veía nada, veía todo nublado, y me ahogaba con la sangre. Para colmo, cuando ya me tenían en el piso, uno me puso el fierro y me gatilló en la nuca". Como el tiro de gracia no salió, entonces con la misma pistola le dieron un "cañazo", para partirle la cabeza.

—¡Yo sabía que iba a arrancar! —decía un policía, contento porque Simón había respondido apenas escuchó las balas y entonces había dado lugar a la ráfaga con la que atacaron.

—¡Yo sabía que iba a arrancar! —festejaba otro.

Con evidente alegría se lo llevaron. Pero no fue en una ambulancia que lo sacaron de la villa. Lo subieron a una camioneta. Faltaba el castigo del camino, una secuencia que suele repetirse: los policías comparten los golpes que dan como si se repartieran parte de un botín, como si cada culatazo, cada trompada o patada fuera parte de un botín simbólico que también dividen. "Ya me entraron a pegar. Y se iban rotando. De repente paraban y el que estaba manejando se pasaba para atrás y me pegaba. Cuando se cansaba pasaba el otro y así se iban desquitando". Hasta que cuando estaban cerca de unas vías uno de los policías gritó:

—¡Ahora vamos a matarlo!

Simón pensó que hasta ahí había llegado. Que por la golpiza, o ajusticiado en el medio de la nada, lo eliminarían. Hasta que escuchó:

—¡No! ¡Dejá que este puto se muere en el hospital! ¡Este no vive más!

Cuando llegaron al hospital lo pusieron en el piso de la guardia, hasta que los médicos lo trasladaron a una camilla. "Después no me acuerdo más nada. Lo único que me acuerdo es que vino un señor, un enfermero que me dijo: 'Negro, quedate tranquilo que Dios te ama', y me palmeó la espalda".

Cuando Simón terminó de hablar de esa noche casi fatal, y porque el consuelo del enfermero me hizo recordar al Frente y los poderes de salvación que muchos le otorgan, le pregunté si había pensado en su amigo, ahora convertido en un pequeño santo. "Yo estaba ahí, y te digo la verdad, yo estaba mal, yo estaba muerto. Me dieron dos", dijo él y me mostró la marca del tiro en el brazo y, levantándose la camisa a cuadros, la cicatriz que le quedó cinco centímetros abajo del esternón, como si fuera un ombligo deforme y no el lugar por donde pudo haber entrado la muerte.

—¿Cuántos tiros tenés en realidad? —le preguntó su propia madre.

—Ocho —le contestó él.

—¿Te han quedado balas en el cuerpo? —quise saber.

—Y... la que tiene en el hígado —contestó Matilde.

Ese día —con Daniel en terapia intensiva— Matilde y Simón, Estela, Javier, Manuel y buena parte de la villa no habían dormido. Cuando los vi en los tribunales, Matilde tenía los ojos rojos y la piel de Simón era de una palidez rusa. A Daniel lo habían operado la noche anterior. Habían sido tres horas de espera. Matilde había tenido que firmar un documento antes de la cirugía en el que asumía la responsabilidad de que algo fallara: "El papel decía que podía quedar inválido, o vegetal, o ciego, o directamente morirse". Matilde dice que ella no quería firmar, que se sentía confundida, no lograba razonar si era correcto asumir el riesgo pero tampoco encontraba alternativa. Lo miró desde sus ojos verdes hermosos a los ojos verdes hermosos de su hijo mayor, y Javier bajó los párpados diciéndole que sí. Los rezos se multiplicaron en la villa. Hubo quienes partieron a la tumba del Frente Vital a hacer por la vida de Daniel las ofrendas que casi siempre son para pedir que las balas de la Bonaerense doblen; hubo otros que prendieron velas en sus casas; muchos pusieron lo único que tienen, el cuerpo, para acompañar en la incomodidad de la sala de espera a los familiares.

Sin que mediara plan alguno, en el primer piso del hospital se fue armando una ranchada: durante los días siguientes, jamás hubo menos de cuatro personas haciendo guardia por las malas noticias. Y a la hora de las visitas llegaron a juntarse hasta veinte. Ninguno de los hermanos de Daniel, ni su madre, pueden contar cuántos fueron los que los acompañaron. Entre ellos conocí esa tarde a tres mujeres que eran cruciales en la vida de Simón: "la abuela" Marga y sus hijas Emilia y Graciela. Marga no era en realidad su abuela, sino que en la villa la conocían así, como "la abuela", y en su casa había vivido Simón los últimos meses que estuvo en libertad. Emilia era la madrina de Simón, y la primera mujer de Mauro, el ladrón de códigos que ofició de maestro del Frente Vital. Graciela era la madre de Facundo, el cuarto miembro de la banda cuando eran un grupo inseparable de corridas, robos, fiestas y aguantes. Supe entonces que Marga era además la *mai* umbanda del barrio. Cuando nos presentaron me invitó a su casa.

Entre los trámites que Matilde había hecho en tribunales, además de conseguir que una jueza autorizara a Simón a no volver al encierro del instituto durante algunos días, había pedido que el Estado provincial asumiera los gastos de la internación de Daniel. Apenas había reunido el dinero para comprar los pañales que necesitaba. Era fin de mes y tampoco yo tenía un centavo para ayudar. Lo mismo le pasaba a la mayoría de los que se acercaban a poner el hombro. Lo único que no había faltado, contaban en la sala de espera, eran los cigarrillos. Pero comida no había. El hambre tampoco se había hecho sentir aplacada por la angustia, la ansiedad y los nervios. Esperamos todos a que llegaran las cinco de la tarde, la hora de la única visita diaria a los pacientes de terapia. Yo no sabía por qué motivo tenía que entrar, pero como si cayera de maduro que así debía hacer, Estela y Matilde me indicaron que me pusiera en la fila. En un pasillo interior se amontonaban los familiares de los enfermos: caras desencajadas, murmullos sobre los últimos diagnósticos, el silencio hospitalario quebrado por el respetuoso sonido de la pena. Entramos de a uno.

Matilde salió después de diez minutos. Fueron entrando los hermanos. Simón estuvo apenas unos minutos. Luego me confesó que no pudo, no supo qué hacer allí, al lado de esa cama alta, ante el cuerpo empequeñecido de Daniel conectado a todo tipo de tubos, sondas y máquinas, con la cabeza hinchada como un fruto demasiado maduro. A mí me pasó lo mismo. Nos habían dicho que podíamos hablarle, que quizás nos escuchaba. Era imposible reconocer en él la cara del chico que había sido. Atiné a decirle que lo amaban, que afuera había tanta gente como la que nunca había imaginado podía visitar a un enfermo.

En la sala de espera, los vecinos y los parientes le preguntaban a Simón por el estado de su hermano: "Depende de él", les contestaba a cada uno. Y ante cada nuevo personaje que llegaba, se repetía la escena: el personaje saludaba a Matilde, a Estela, a Manuel, a Javier, y se quedaba en un rincón en silencio. Hasta que alguno de ellos le decía "este es el Simón" y entonces caía en la cuenta de que era el chico internado en el Almafuerte que allí estaba, tan cambiado, al final de su adolescencia, después de dos años y tres meses. Simón disfrutaba de ese desconcierto que producía. Y apenas los saludaba, les largaba frases irónicas sobre su estado físico. "¡Qué hecho mierda que estás, negro, eh!"; o: "¡Qué gorda que estás, Mary!"; o: "¡Qué viejo que estás vos, eh!". Simón estaba, sin haberlo imaginado, a raíz de la tragedia de Daniel, volviendo al barrio. Y desde esa sala de hospital comenzaba a percibir los cambios ocurridos durante su internación. Nos quedamos allí durante una hora más. Hasta que Simón quiso ir a bañarse a la villa para volver a la guardia permanente frente a la terapia intensiva del hospital.

Llegamos al barrio en un *remise* y no fuimos a la casa de su madre sino directamente a la de la abuela. Matilde y Estela pasarían más tarde por ahí: tenían que ver a la *mai* para pedirle que intercediera por la vida de Daniel.

Yo no sabía que era la primera vez que Simón volvía a pisar el hogar que había tenido que dejar. En la mesa de la cocina estaban sentadas Emilia y Graciela con el televisor encendido en el programa de Moria Casán. En la pantalla se peleaban una morocha y su sobrina adolescente acusada de haberle robado el marido en sus narices. "Mi bebé ya tiene cara de grande", le dijo Marga a Simón acariciándole el mentón. Las mujeres parecían felices de su regreso. Como si se tratara de una ceremonia fueron deshilvanando recuerdos de cuando Simón estaba en la calle y les alegraba los días. "Es que vos viste que Facundo está ahora adentro. Bueno, cuando empezaron a caer por ahí caía mi sobrino y nosotras nos aferrábamos todas de Simón, que había quedado afuera", contó Emilia, la peluquera de rubio intenso y pelo corto: había sido la mujer de Mauro cuando eran adolescentes, y luego se juntó con otro ladrón de carrera que continuaba preso en Olmos por un robo nada menor. "Viste cómo es. Tanto esperar para que saliera, y al final estuvo un par de semanas en la calle y ya volvió a caer".

Graciela, una mujer más delicada que su madre y su hermana, recordó: "Yo ya lo conocí atorrantón. Facundo tenía unos quince y él era un poco más chico. La primera vez cayeron acusados de robar una bici, una historia que una vieja de por acá inventó. Cuando fuimos a la comisaría con Matilde y lo vi esposado me quería morir. Porque al principio yo no sabía cómo hacer, después uno se va entrenando y se va acostumbrando".

Aquella vez Graciela fue a rescatarlos de la seccional con Matilde, que para entonces ya estaba entrenada en el combate con la policía cada vez que alguno de sus chicos iba preso. "¡Traeme a la que denunció!", le gritaba Matilde a un oficial. Graciela dice que la sorprendía cómo Matilde podía discutir y defender a su hijo frente a la policía. Fue junto a ella que aprendió. A partir de aquella bicicleta que no habían robado, nunca dejarían de ir presos cada semana, cada dos. "En todas las causas caían juntos. Hasta se hacían llevar cuando uno había zafado para estar con los otros". Simón se ríe de que sí, de que una vez fue él mismo el que le pidió a los de la comisaría de Pacheco que lo metieran preso. "Eh, oficial, pero yo robé con ellos. Lléveme, le decía al chabón. Y él: 'Que no, pibe, vos tomátelas, no estás en esta'. Y yo: 'Pero mire que yo estaba ahí, y si no, robo ahora y me lleva, dele'. Tanto lo jodí que al final me dijo: 'Bueno, querés ir adentro, vení'".

Le iba a hacer una entrevista a la abuela. Ella daba vueltas por la cocina preparando algo en una botella cuadrada recubierta con el Parsecs y llena de chucherías, de amuletos y cadenas, diminutas formas en arcilla, cascabeles. Esperaba a una mujer que tenía cita con la *mai* y no llegaba. "Si usted no está apurado, me puede esperar, porque yo primero tengo que hacer un trabajito", dijo y desapareció por un pasillo vestida con una remera blanca y una pollera larga con volados. "Es que está por venir la 'Africana'", comentaron varias veces Graciela y Emilia mientras hacían girar la ronda del mate. Pensé que había alguien a quien le decían así. Simón pidió un papel y una lapicera. Se puso a escribir una carta a Facundo, su más entrañable amigo preso. Mientras las mujeres y yo seguíamos hablando del tiempo ido y del espectáculo de Moria Casán, dos nenas jugaban entre el patio y la cocina riéndose de algo que no terminaba de comprender. La abuela trabajaba en la habitación contigua en algo. No sabía en qué, aunque sospechaba que era una ceremonia umbanda.

Desde la habitación comenzaron a llegar frases en "portuñol" dichas con una voz mucho más cascada que la que había escuchado recién en la abuela. Descubrí girando en la silla que lo que separaba la cocina del otro cuarto era sólo una cortina blanca colocada a manera de muro. A través de la tela levemente translúcida se distinguía la silueta de Marga con su abultada y larga pollera de *mai*. Se había puesto además un sombrero de paja, con la forma de una capelina deshilachada, que había llenado de flores secas, pañuelos y talismanes. Acomodándoselo cada tanto con las dos manos, como una campesina graciosa, se movía con agilidad frente a un altar atiborrado de santos de yeso y velas encendidas. "*Procure o minino*", decía de repente. "*Vocé no sabi qui é el amor de mulher*", escupía. Afuera la tarde luminosa desaparecía poco a poco. Por la puerta de la cocina se podía ver el patio con unas sillas oxidadas alrededor de una vieja mesa de jardín y más allá la línea del horizonte sobre un descampado. El crepúsculo daba lugar a las luces pobres de la villa. Simón terminó su carta, unos párrafos gordos de letra prolija, y llegó Chaías, a pedirle una cura a la *mai*. Los invitaron a pasar al templo. Y luego a mí. La *mai* hablaba en portugués con la propiedad de un turista que recién llega a Florianópolis, pero con la soltura de una niña que se divierte haciendo jugar las palabras para darles siempre el tono indicado para el personaje que encarna al jugar con sus muñecas: una mamá mala, severa, una abuelita dulce y buena. La *mai* no era otra que la abuela de hacía un rato, pero poseída ahora por el espíritu de la Africana, una viejecita llena de picardía.

Al salón no se accedía por la cortina, sino por una puerta en un pasillo lateral. Apenas entrar y allí estaba la *mai* junto a Graciela, que dulcemente se ocupaba de traducir sus frases, sus preguntas. Y de explicar los códigos al novato. "La *mai* dice que podés preguntar algo, pedir por algún problema". No supe qué decir. "La *mai* dice que puede ser que haya personas malas a las que les hiciste daño que quieren hacerte mal ahora a vos". Entonces la Africana dijo que podía hacer algo por la supuesta venganza si conseguía siete piedras de colores y una larga lista de ofrendas. "La *mai* dice que después mi mamá, la abuela de Simón —la dueña del cuerpo poseído por la Africana—, te va a decir bien qué es lo que necesitás para que ella haga un trabajo de protección". La *mai* volvió a interesarse en Simón, su preferido. Simón buscaba complicidad en las mujeres de la casa para que lo alentaran a volver a ver a Mariela, la chica que fue su novia hasta que la estadía en el Almafuerte se hizo demasiado larga. Después de tanto tiempo, Mariela ya vivía con otro. Por la tarde, en el hospital los otros pibes de la villa 25 hablaban de un hipotético tiroteo entre estos dos rivales amorosos. Resultaba hasta tierno escuchar los murmullos sobre esa historia de amor porque no había quién tomara partido en el asunto: sobre todo viéndolo a Simón, que, lejos de parecer agresivo, era un chico de mirada descansada, una especie de pichón en un cuerpo desarrollado. La *mai*, en ese sentido, era una de las más terminantes. Como abuela, antes de incorporar el espíritu, sin sombrero pernambucano en la cabeza, ya le había dicho a Simón: "¡No podés!". Y él, agarrándose la tela de la camisa ancha sobre el pecho, agachando la cabeza en signo de constricción, le había contestado:

—El corazón lo tengo que pegar con cintas, todavía.

Y la abuela, impasible, para cerrarle la idea en el lenguaje de los pibes:

—Ya fue.

Como *mai* se lanzó a combatir esa esperanza en Simón, que no dudó en consultarla al respecto.

—*Mulher fica como una putana. Mulher vai fifar con vocé y depois fifa con outros mininos. Depois fica con outro homi. Mulher no sirve para corazao de vocé. Ela pogi traer problema para vocé.*

Lo dijo con esa voz cascada que supuestamente tienen las magas de nuestros pagos, algo así como la machi que aparece en *Nazareno Cruz y el lobo*, pero en ese "portuñol" nada fácil, único.

—Pero yo por lo menos quiero estar una noche con ella, *mai*, no me importa después.

—*¡Si a vocé no importa vai! ¡Vai! ¡Vai ¡Vai! ¡Vocé es duro de matera!* —dijo la *mai* y, con la mano al viento, hizo ese gesto que puede significar andate al carajo, o hacé lo que quieras, o me doy por vencida ante tu deseo.

Luego hicieron pasar a Matilde. Le besó la mano y le habló del niño agonizante. Fue hacia el altar, hizo un rezo, prendió una vela más y buscó entre sus cosas. Tenía repisas de donde sacaba más velones, collares, amuletos. Sobre una pequeña mesa había un frasco de colonia. Cuando llegó una octava persona —ya estábamos allí Simón, las dos nenas que seguían riéndose, pero entre dientes, Graciela, Chaías, Matilde—, la *mai* nos hizo pasar al templo, o sea, distribuirnos en las sillas que rodeaban el salón decorado en versión umbanda.

La *mai* había colgado de las paredes todos los objetos folclóricos que había encontrado y que le habían regalado a lo largo de una extensa carrera como médium umbanda. Sobre un lado había bombos del norte; sobre el otro, sombreros mexicanos, y más allá, máscaras de alguna tribu meridional. La *mai* de pronto prendió un cigarro, un cigarro de verdad, al que en el extremo, como un toque de sofisticación, le colocó una boquilla. Cuando estuvimos todos sentados, ella hizo lo propio sobre el piso. Como una niña, o como un niño vestido de niña, ella se acomodó la pollera arrepollada que se había hecho con una tela de un estampado geométrico pero sumamente pálido y la puso entre las piernas abiertas en posición de indiecita. En las manos batía como si fuera una maraca la botella bañada en Parsecs. Cada tantas pitadas, tomaba un trago.

A Matilde le recomendó que consiguiera una gallina *"bermella o amarela"*, pero que de ninguna manera fuera *"preta"*. *"Una mulher que habita perto tua morada, ela tein muitas como la que você necesita"*, instruyó la *mai*. "Justamente —me comentó Matilde al oído—, en mi cuadra hay una vieja que tiene un montón de gallinas". *"Nosi preocupi, si e afanada, melhor"*, dijo la *mai*, en lo que creí que era el nudo de la información que sentado ante la Africana debía recibir.

Graciela quiso traducirla.

—La *mai* considera que robar no siempre es malo. Porque cuando ella era una mujer africana hace cinco mil años atrás, su gente se alimentaba de cualquier cosa, de raíces, de frutos, y había quienes se los querían apropiar, entonces ellos robaban. Por eso es que no siempre es malo robar.

Graciela, una mujer muy suave, hacía esfuerzos por mantener el diálogo entre nosotros, los creyentes, y la *mai*, que por momentos se desbocaba. De pronto tomó un largo sorbo del licor, dio una pitada profunda a su cigarro y me miró, detrás del ala del sombrero:

—*Vocé tein um problema.*

La *mai* hizo, a partir de esa sentencia, un diagnóstico según el cual yo tenía enemigos malos a los que les había hecho daño, y estaba además agotado de escuchar historias sobre muertes, cargado. Después de ese dictamen, tras curar el cuerpo de Simón y de Matilde, lo hizo conmigo. Me paró descalzo en el medio del pequeño altar y comenzó a frotarme con velas de colores. Lo hizo con diez velas, que sucesivamente se fueron trizando a medida que las hacía rodar sobre mi ropa. Ella respiraba fuerte y en un momento se dio vuelta para mirar al resto que hacía de espectador frente a los acontecimientos.

—*Muito forchi, muito cargado* —dijo.

Tomó el frasco de perfume y, echándoselo primero sobre las manos, me restregó la cara, el cuello, las manos. La evaporación de ese aroma barato usado para la ceremonia me estremeció, y cuando salí de allí y volví a colocarme los zapatos, Simón y Matilde me miraron y me dijeron que ya se me veía cambiado. Ellos, coincidieron, se sentían mucho mejor, se les había disipado el cansancio de no dormir durante dos días enteros esperando noticias sobre Daniel.

Nos despedimos y la *mai* continuaba con su ceremonia. Atravesamos la frontera entre la villa 25 y La Esperanza: en la esquina de la casa del Frente Vital, paramos a saludar a los pibes reunidos en la esquina porque entre ellos estaba el "Pierna", el increíble apodo de un pibe grande sin piernas sentado en una reluciente silla de ruedas nueva. Nos saludó con toda educación y dejó que el porro que tenía en la mano se consumiera medio oculto por el doblés de los dedos, quemándose por respeto a

Matilde. El respeto en la villa es así: no importa que Matilde haya visto fumar a cientos, ni que sea obvio que no sancionaría nunca a alguien por eso, simplemente es la mamá de Simón y una señora. "¿Cómo está el nene, señora?", le preguntó el Pierna. "Sigue igual", contestó Matilde, y les contó sobre los abogados de la empresa de trenes que los visitaron en la sala de espera del hospital y de los otros que después aparecieron ofreciendo sus servicios especializados en accidentología y juicios civiles de resarcimiento. "Si los de la empresa le vienen a ofrecer dos mil, diez mil dólares, usted no acepte porque ellos van a tener que pagar mucho más", le dijeron dos mujeres que le dejaron un volante a todo color promocionando su labor. "No les pegué porque estábamos en el hospital, pero les dije que si creían que ser cartonera era ser analfabeto o ignorante se habían equivocado. Porque yo sé muy bien lo que vale la vida de mi hijo y si hacemos algo en la justicia es para que haya justicia para todos, para que no le vuelva a pasar a otro más".

Matilde no se encegueció ante la agonía de su hijo. Como si un aprendizaje de años la guiara desde el día del accidente, planteó como eje central sobre lo que había ocurrido la certeza de que sólo fue posible porque el "tren blanco" estaba hecho para los privados de todo derecho. El vagón en el que viajan pagando sin excepción cada uno su boleto es un desperdicio de los viejos trenes al que se le quitaron los asientos para convertirlo en un depósito de los indeseables que de otra manera molestarían con sus carros a cuesta a los pasajeros. Sin vidrios en las ventanas, sin luz, los vagones funcionan, al decir de los maquinistas, fuera de toda legalidad. "No deberían estar sobre las vías", asumen. El tren en el que iba Daniel no frenó a pesar de los gritos de los cartoneros porque ni siquiera tiene freno de mano. Daniel chocó contra una estructura metálica que rodea la estación, diseñada para que nadie pueda colar el cuerpo en el andén sin pagar el boleto.

Seguimos hacia la casa de Estela. En la esquina de su cuadra había otro grupo de pibes. Allí nos paramos con Simón. Sonaba en toda la cuadra una batería nada prodigiosa. Era el ensayo de alguno al que los pibes no le daban entidad. Pensé que podían ser los Jedientos del Rock, vecinos de Estela y Manuel, o Pablito Lezcano, el millonario que nunca se fue de la villa y se hizo construir un estudio de grabación en la casa de siempre. Pero cuando Simón preguntó, balbucearon que era algún gil. Eran unos siete pibes amurados contra el paredón y una chica sentada en un cordón que pasaba con prolijidad la letra de lo que parecían canciones o poemas a una hoja en blanco. Entre ellos estaba el "Chicote", un amigo de la familia de los que todos los días marcaban presencia en el hospital, un pibe más chico que el resto, que a los dieciséis alternaba el robo a mano armada con el boxeo, en el que de vez en cuando competía como peso pluma. "Te fui a esperar y no estabas", me cobró porque acordamos temprano que lo entrevistaría en el hospital, pero la ceremonia de la *mai* me había cautivado hasta hacerme olvidar de él y del tiempo. "Vení, saludame, que ahora no saludás", le disparó la morocha que escribía. Él no le contestó, la miró riendo y calló. Pasó un rato sin que nadie iniciara una conversación. Simón era casi el único que hablaba: "Mirá este, qué grande que está, con arito y todo", criticó a uno de los más chicos que se había desarrollado en su ausencia. "Y este, qué gordo que está". Un flaco de pelo largo saludó a uno por uno y puso cara de quién sos cuando le estiró la mano a Simón. Simón disfrutaba de ese anonimato. "El chabón mira tipo quién es este nuevo", se burló cuando el chico se fue.

Los dejé para avanzar media cuadra hasta la entrada al pasillo de Estela, donde ella y Matilde charlaban con varias mujeres amigas. En la puerta de su casa estaba Elsa, una vecina a la que Simón saludó como "tía". Nos quedamos allí como media hora. Repitiendo los comentarios sobre el estado de Daniel. Simón entró a la casa de Elsa a saludar al tío que estaba enfermo en la cama. Y Elsa salió de su casa con una fuente en la que había puesto algunas milanesas preparadas. Después volvió a entrar y trajo cuatro huevos frescos. El mercadito que le fiaba a Estela había cerrado. Nadie había mencionado el tema, pero en ese momento quedó claro que lo que Elsa les regalaba era lo único que podrían comer esa noche. Matilde desapareció: en silencio, después de cuarenta y ocho horas sin dormir, salió a conseguir la gallina amarilla que le había sugerido la *mai* que robase.

La casa de Estela es la última de un largo pasillo que se incrusta en la manzana como si fuera la entrada a una sola casa. A lo largo del sendero hay decenas de ranchos desde los que sale el ruido de los televisores, la cumbia a todo lo que da, el olor a guiso, las carcajadas que se suceden a los chistes de siempre, algún insulto, el silencio. Estela es dueña de dos piezas de paredes descascaradas. En la cocina hay un televisor que estaba encendido en Pop Stars, el programa elegido por sus hijos de entre dos y siete años. Simón tomó el mando, se sentó frente al aparato y puso una película de canal de cine yanqui sobre una banda de ladrones negros que se eliminan entre ellos a medida que se acerca el final. "Yo en el instituto me la paso mirando películas, no paro", me contó. Y después se puso a hablar de fútbol, de cómo le gustan los programas deportivos en los que los comentaristas se la pasan discutiendo.

Estela primero preparó el baño para Simón. Calentó el agua del calefón, le dio una toalla y le dijo que podía desvestirse en la pieza, que no se hiciera drama. Simón prefirió pasar sin desnudarse hasta el baño, y al cabo de unos minutos gritó con culpa que la toalla se le había caído al piso todo meado. Estela le acercó otra. Le dio un pantalón azul nuevo, con bolsillos laterales. Y Simón se probó un par de buzos hasta que uno lo conformó. Estaba pálido, más pálido que por la mañana. Tiene una piel blanca que ha empalidecido hasta dejar que se noten las venas como hilos azules en el costado de la sien. La cárcel, pero sobre todo los oscuros calabozos de las comisarías y los pabellones de los institutos de máxima seguridad, vuelven translúcida la cara de los reos. Al salir, ése es el síntoma más evidente del encierro del que vienen. Aunque no sea por eso que quienes ven a Simón regresar después de tanto tiempo lo desconozcan o lo miren como a un fantasma que no esperaban encontrarse otra vez caminando por las calles apagadas del barrio, tan sombrías como su rostro. Es simplemente que el tiempo que parecía muerto resulta inevitable al volver, irreparable en su repentina marca de la ausencia, del confinamiento, del exilio que significa la prisión.

Estela preparó las milanesas y armó con pan duro recalentado en una sartén sándwiches para todos, sus cuatro hijos y nosotros tres. A Simón y a mí nos tocó uno más grande que el de los niños, con un huevo frito como refuerzo. Fue la primera vez en el día, aunque nos habíamos encontrado a media mañana, que comimos. A esa altura teníamos hambre, un hambre al que yo mismo había aprendido a controlar a lo largo de la jornada sólo con saber tajantemente que no había qué llevarse a la boca. Cenamos nuestro bocado con una lentitud que disimulaba nuestra voracidad. "¿Está bueno?", preguntó Estela. Y rio ante nuestro atorado "sí". "Bueno, más vale que no quieran más, porque no hay". Sin embargo, nos sorprendió con dos últimos pequeños sándwiches de premio. Recién comidos, salimos los dos otra vez hacia el hospital. Simón quiso pasar antes por la casa del

Cachi, uno de los transas históricos de la villa. "Le voy a pedir unos pesos y vemos si nos da unos tiros. No tiene drama el chabón, siempre fue gamba", dijo.

Hicimos apenas dos cuadras hasta lo de Cachi. En el camino no nos cruzamos con nadie. Las calles del barrio, lo profundo de los pasillos, parecían apenas una escenografía de la pobreza deshabitada. "Esto está muerto", me dijo Simón. En la casa del transa nos atendió su mujer, que sí reconoció a Simón sin hacerle un solo comentario sobre su regreso. "¿Querés hablar con el Adrián?", le preguntó. Esperamos dos minutos en la vereda hasta que salió un hombre de cara consumida, de unos treinta y cinco años mal llevados. "¿Qué hacés, Simón, cómo va?". "Acá andamos", dijo Simón y comenzó un diálogo de rodeos y convenciones propio de dos personas que se vuelven a ver sin tener nada que los vincule después de años. Simón apuró el objetivo y sin preámbulos le pidió algo de dinero para tomar un *remise* hasta el hospital. "Sí, todo bien", dijo el *dealer* y entró a buscar. Volvió y le dio diez pesos. Entonces, acodado contra la pared, hizo un diagnóstico crudo de la nueva vida en la villa. "Acá todo está muerto. No quedan ni ladrones", lanzó. "Ahora por ahí se mueve algo, muy poco, pero no sabés lo que fue esto en enero y febrero... Nadie tenía un mango. No sé cómo hicimos para zafar". "Pero la plata está en la calle", dijo Simón, aferrado a la fantasía de volver a robar chalets de ricos que guardan efectivo en el placard. "No, eso fue. Ahora, para colmo, la gorra está más maldita que nunca. Hacen lo que quieren, te matan como a un perro. Digamos que la verdad es que tienen carta blanca, esa es la verdad".

Fue tan lapidaria la descripción de la debacle en la villa donde Simón había dejado los equipos retumbando cumbias día y noche que ni siquiera se animó a pedirle al *dealer* que le convidara un resto de cocaína para remontar el agotamiento. Cruzamos la calle hacia una remisería ubicada en los monoblocks cercanos. Fue en vano: no hubo manera de convencer al viejo cara de perro que atendía de que nos aceptara como pasajeros. No le sirvieron ni mis documentos ni mis credenciales de prensa. "Aunque yo les pida, ningún chofer los va a querer llevar", explicó sin inmutarse al lado de una morocha llena de rabia que también sufría la discriminación de la sospecha. Tuvimos que buscar otra remisería donde finalmente nos aceptaron cuando el chico que atendía reconoció en Simón al mismo pibe que hacía años iba a su casa de visita. "¿No te acordás de mí? Yo estuve en tu casa, mi hermano salía con tu hermana", le refrescó. El pibe sonrió cuando terminó de ubicarlo. Y dejó de anotar el número de mi DNI en la planilla donde asienta a cada cliente desconocido.

Subimos al auto de un chofer de todas maneras atemorizado. Pasamos antes de salir del barrio por la casa de la *mai*. Habíamos quedado en que la entrevistaría. Bajé a despedirme. Era otra vez la abuela Marga. Antes de darme un abrazo me entregó un papel en el que había anotado todo lo que necesitaba para hacer el trabajo de limpieza y protección contra mis supuestos enemigos. "Diez velas rojas y blancas. Siete velas de cualquier otro color. Cinco metros de cinta bebé verde, roja y amarilla. Una lata de dulce de batata vacía. Siete piedras de diferentes colores. Siete claveles blancos y siete claveles rojos. Un ladrillo (robado)".

CAPÍTULO VI

Brian saltaba con los brazos abiertos, como una langosta pero sobre el mismo lugar, sobre sí mismo, golpeándose el pecho para mostrarle a sus vecinos armados para la guerra el blanco al que debían disparar sin asco. Brian, dieciséis años, el pelo corto y rubio, el torso de una criatura de doce, la cara palpitando como endemoniada por el efecto de tres días de pastillas y alcohol, saltaba tal como si estuviera en los tablones de una cancha, acompasado por el subir y bajar de cientos de hinchas. Pero aquel sábado por la tarde, con el sol cayendo sobre su figura, saltaba en realidad sobre el asfalto caliente de la calle General Pinto, semidesnudo, vestido sólo con el *short* de un equipo de fútbol; se golpeaba el pecho con la mano izquierda y hacía girar sobre el dedo anular el arma con la derecha. Frente a él, a lo ancho del asfalto, multiplicándose, lo insultaba la turba dispuesta a sacrificarlo. Los hombres de cada pasillo, los jóvenes y los veteranos, rescataron las armas de los roperos y del fondo de los cajones con ganas de liquidarlo. Ya habían soportado que le robara a doña Rosario, la abuela más anciana de la cuadra; que le quitara la bicicleta a una nena poniéndole el caño en la cabeza y que asaltara a la mismísima madre del Frente Vital, para terminar queriendo fusilar al Rana por un exabrupto de poca monta. El Rana le había pegado a uno de los Sapitos, los únicos amigos de Brian en el mundo y los miembros de una precaria banda de "ratas", tal como llaman en la villa a "los que les roban a los vecinos y comen sin importarles de dónde rapiñan" el alimento o las drogas.

Cuando ese mediodía llegué con el fotógrafo Alfredo Srur al barrio, Rodolfo, uno de los hombres de la casa contigua a la de Sabina, estaba sentado, en la puerta. Arreglaba con toda parsimonia el motor de una Estanciera. El barrio lucía radiante a pesar de la miseria y salía olor a frito de un par de ventanas. Varios chicos jugaban en el cruce de French y Pinto y se disputaba un picado con pocos jugadores en el descampado de la esquina, donde se luchó contra la policía bajo el aguacero. Pato, el hermano de Víctor, tenía franco en el supermercado, una excepcional circunstancia de ocio, y cuidaba el fuego de la parrilla dispuesta en la vereda en la que asaba dos pollos para el almuerzo. Pato ese día tenía un buen humor encantador y coqueteaba con una morocha adolescente de *jean* ajustado que entraba y salía del pasillo al costado de su casa. Ella apareció después de haberse paseado varias veces del pasillo a la esquina con un bife ancho en la mano, que Pato accedió solícito a poner en la parrilla junto a los pollos propios, para aprovechar las brasas.

Después de almorzar con Alfredo, Chaías, Pato y Tincho, uno de mis guías durante las primeras incursiones, visitamos la tumba de Víctor en el cementerio de San Fernando. Pato llevó la bandera que hizo pintar para su hermano: el Frente sonríe dibujado como una caricatura. Y también las remeras en las que el ladrón le pisa la cabeza a un policía. Con los ojos desorbitados y la lengua afuera, el bonaerense soporta el peso de su zapatilla de pibe chorro. Esa vez, con las camisetas puestas, los chicos volvieron a hacer las ofrendas de siempre. Además de los sepultureros municipales que pasan los días refugiados del sopor caluroso del cementerio en una oscura oficina pegada a la entrada, al lugar lo custodian agentes de civil de la Policía Federal. Cuando conocí el santuario del Frente, su madre me contó que apenas los chicos se empezaron a juntar alrededor de la tumba, a perfumar el aire mortuorio con el dulce sabor de la marihuana y a parecerse a una bandita desconsolada por la caída de su referente más generoso y altivo, las mujeres que solían ir a visitar a sus muertos cerca de la zona donde estaba enterrado Víctor solían quejarse. "Allá hay una patota", acusaban. Ese sábado los federales se mantuvieron a una distancia prudente, y como si ya hubieran estado acostumbrados, hicieron como que no nos veían. Nosotros tomamos una cerveza, fumamos un porro y nos volvimos después de que Alfredo Srur hizo las primeras imágenes de lo que sería un largo ensayo fotográfico.

Salíamos del cementerio por uno de los portones laterales y Tincho, el pelo largo, la cara afilada, la nariz que se cae de costado levemente como una hoja mustia, como una fosa nasal hecha de resina, me tomó del brazo, me lo cruzó en la espalda y me pasó el suyo por el cuello haciéndome levantar unos centímetros los talones del suelo. Jugaba al ladrón conmigo como rehén de una ficción inspirada en la vida real, una *non fiction* propia, una recreación graciosa de su actuación mejor lograda.

—¡Tomemos rehenes! —dijo, y me empujó con la rodilla hacia la salida del cementerio.

Chaías, Pato y Alfredo se reían del espectáculo.

—¡Llamá a la tele, llamá a la tele! —lo alentó Chaías.

—¡Quedate quieto, gil, que sos boleta! —me escupió Tincho en la oreja—. ¡Las cámaras, loco! ¡Traé las cámaras y llamá al juez! —ordenó a un imaginario negociador.

El consumo que comenzó cuando tenía doce años ha dejado en Tincho no sólo las marcas físicas sino, al menos en su manera de recorrer sus elecciones y su destino, una relación con el delito que considera casi imposible de quebrar porque no habría manera de sostener el gasto que le produce "el vicio". Claro que después de horas de conversación distendida contra un paredón de la villa San Francisco, mientras en el potrero se disputa un picado dominguero y cruzando la calle una bandita baja cervezas como si fueran el agua de la eterna juventud, el consumo es un dato menor, absolutamente aleatorio a las condiciones de vida que llevaron a ese chico de diez años, perdido entre las calles y los vagones viejos de Retiro, a comenzar en el camino del robo. El robo, tal como era concebido en aquel entonces por Tincho, se trataba de la picardía heredada de uno de sus hermanos mayores, consistente en meter la pequeña mano de niño por las hendijas de los colectivos en una terminal de línea, para hacerse de la recaudación ante la distracción de los choferes. "Nosotros somos doce hermanos, mi vieja sola y a los diez tuve que salir a hacer lo que fuera, después de a poco aprendí a poner caño. Todo se aprende. Es cuestión de que el otro te crea que sos malo", me dijo el día que lo conocí, pasándose la mano por el pelo largo, volviéndoselo a acomodar en la espalda, repasando con la yema del dedo índice la napia, esa superficie perdida de cuerpo en la que podría comenzar una cartografía de su delincuencia.

De aquello ya habían pasado más de seis meses, cuando ese sábado Tincho jugó a usarme de escudo humano, poniéndome en el lugar de sus víctimas, enseñándome que a pesar de nuestra creciente cercanía, más allá de la particular relación que íbamos construyendo entre mis preguntas y sus respuestas, yo seguía siendo un potencial asaltado, un civil con algunos pesos encima; y ellos continuaban siendo excluidos dispuestos a tomar lo ajeno como fuera para salvarse por unas horas, arriesgando el resto de vida, dando un paso en el que todo se puede ir al infierno. Tincho me llevó abrazado, maltratándome cariñosamente hasta la salida del cementerio en el que el Frente era apenas uno más de los amigos enterrados tras caer bajo la metralla policial o la bala vengadora de un pleito ridículo con un "atrevido" del barrio. "Acá vamos a terminar todos. Acá cuando vengo no paro de visitar pibes. Y siempre pienso: ¿dónde será que me va a tocar a mí?".

Sabina me lo contó por teléfono: "Un pibito de la villa me quiso robar anoche". Ella volvía a su casa disfrutando del calor nocturno de enero. Caminaba tomada de la mano de Ricardo, el último hombre del que se enamoró en la madurez, después de esos matrimonios de los que tuvo que huir. El chico rubiecito los frenó en medio de la calle. Aferraba con las dos manos un revólver de caño largo. Le apuntó a ella pidiéndole que entregara la plata que llevaba encima: un robo de diez pesos, de veinte con muy buena racha.

—Hijo, ¿no me conocés? Soy Sabina, la mamá del Frente, quedate tranquilo —atinó a decirle, temiendo que se le disparara el arma sin querer.

Era Brian. Tenía los ojos expandidos de tanto aspirar pegamento y consumir pastillas Rohipnol. La miró dos veces antes de darse cuenta a quién estaba apretando. Cuando distinguió su cara, a pesar de la locura, dejó caer las rodillas sobre el cemento y se puso a llorar.

—Perdóneme doña, perdóneme —le rogó con las manos en posición de rezo cristiano, pero sin soltar el 32 cargado.

—Está bien, Brian, tranquilo, tranquilo, no pasa nada.

—Perdóneme, por favor —dijo entre sollozos.

Sabina lo convenció de que bajara el revólver. Y él marchó con la cabeza gacha balbuceando unas disculpas incomprensibles con el arma bamboleándose en la laxitud de su mano descontrolada. La sinrazón que provocan las pastillas lo había llevado a querer asaltar a la madre del santo de los chicos ladrones, pero ni en ese nivel de desborde pudo abstraerse del pecado que cometía. Sabina me lo contó preocupada por esos chicos de la edad que tenía su hijo al morir, atrapados por el consumo, queriendo ganarse a punta de pistola los pesos necesarios para repetir la dosis y no bajar jamás de ese estado de euforia que dan más de dos pastas con vino. Al entrar en la villa San Francisco, conocí las pastillas de la mano de Chaías y de Tincho: una larguísima tarde me explicaron cómo te dejan las "rochi", como les dicen. La pastilla en esa época salía un peso. "Si te tomás una, te pega. Con dos, andá y piloteala, loco. A la tercera que te tomás, ya no sos vos. Y cuando te quisiste acordar, por ahí te mataste a piñas y te das cuenta al otro día".

Brian lo conoció a Víctor Vital de lejos. Él era uno de esos que se le acercaban a pedirle para yogur cuando el Frente iba al quiosco de Pupi. Brian puede haber olvidado muchos órdenes, todas las normas bajo el imperio del Rohipnol, pero no lo que significa tocarle la madre al Frente. La generosidad del Frente, ese derroche permanente, nada sería si el mito no estuviera fundado también en el arrojo, que en él y su banda dejaron escenas memorables, reconstruidas cada tanto en el anecdotario inacabable de la villa. Y una de ellas es la venganza de aquella noche en que creyó que le habían matado a la madre.

Manuel salía de robar el supermercado que está justo debajo de las escaleras de los monoblocks, frente a uno de los transas de la villa 25.

—Che, le dieron un tiro al Frente —pasó a avisar un pibe en bicicleta.

—¡No!

—Sí. Se fueron en un coche —dijo mientras se alejaba cruzando la canchita de fútbol que le da utilidad al descampado.

Manuel y los dos pibes que lo acompañaban pararon un *remise*, subieron y salieron hacia la casa de Víctor golpeando las puertas del auto en movimiento.

No era Víctor, era Sabina la que había sido baleada. Manuel se lo encontró en la puerta del rancho con la Itaka tirando al aire como queriendo saciar el odio. Creía que su madre estaba muerta, la bala le había entrado cerca del corazón. El novio de una de las mujeres que cortejaba por esos días, después de un tiroteo menor en el que no alcanzaron a saldar el encono, había pasado en un auto por el frente de la casa disparando una ráfaga de 9 milímetros. Sabina estaba comiendo. La bala le entró en un pulmón. Ella apenas sintió un ardor y vio la sangre desparramarse por su camisa blanca. Sabina suele mostrar la bala que pasó a dos centímetros del corazón, perforó el pulmón izquierdo y quedó en su cuerpo para siempre, al borde de la columna, como si la hubiese frenado la piel milímetros antes de salir. "Mirá, tocá", me dijo Sabina una tarde que caminábamos por la villa, levantándose la remera en la espalda para dejar ver la muesca, la pequeña protuberancia del plomo incrustado, ahora familiar e inofensivo.

Un vecino la llevó hasta el hospital de San Fernando. Víctor llegó cuando ya no estaba y por el tipo de herida que le describieron pensó que moriría.

—¡Vamos, vení! —le ordenó Manuel a Víctor cuando lo vio disparando.

—¡No, no, dejá! —se resistió él, aferrado a la escopeta recortada.

—¡Vamos, vení!

—¡Qué hacés, gil de mierda! —le dijo Manuel—. Antes de tirar esos cartuchos al pedo, guardalos y vamos.

—Eh, ¿qué? ¿Adónde vamos?

—¡Vamos!

Apareció, preparado por los avisos de los pasillos, el "Mera", uno de los ocasionales socios en los asaltos. Traía en la mano dos calibre 32 y una Bersa. Cuando iban hacia la casa del Pollo, donde sabían que los equiparían con arsenal, estacionó un auto muy cerca de ellos. Ni lo pensaron, era lo que necesitaban.

—Bueno, bajate, vamos y venimos —le dijeron al chofer, que ni siquiera alcanzó a ser apuntado para que entregara sin quejas el Peugeot 504 desvencijado.

—Dejame ir adelante, que a mí no me conocen —le dijo Manuel a Víctor.

—No, dejame que voy yo —prefirió.

Ahora llevaban encima una Itaka, la escopeta recortada, dos revólveres 32, un 22 corto y una Bersa. "Cuatro éramos con esas armas, porque el chofer no se bajaba en ningún lado. Uno tiraba con una, y después tenía que tirar con la otra, y así hasta que vaciamos todo lo que teníamos".

La aparición del coche en el que iban le pareció un anuncio fatal al hombre que aquella tarde había baleado desde otro auto en marcha la casa de Víctor, queriendo vengar el engaño amoroso que había llegado a sus oídos.

Ellos avanzaron sin miedo a que los otros alcanzaran a preparar la defensa.

—Pará el coche acá —le dijo Manuel a Ernesto, el que manejaba.

—Yo me quedo —dijo el chofer.

—Yo los cubro con un 32 cuando vuelvan —dijo el Mera.

Se bajaron Víctor, Manuel y Facundo. Caminaron con las armas mirando el piso hasta quedar a tres metros de la vereda, con la casilla de machimbre adelante como un blanco infalible para practicar tiro. Uno dijo:

—Bueno, guacho, éste es el coche y ésta es la casa. ¡Fue!

Levantaron las armas y apuntaron.

Larry, el vengador vengado, vio el perfil del Frente Vital por entre la cortina.

—¡Al piso! ¡Tirate al piso! —le dijo a su mujer, y con ella a los amigos, los chicos y la madre, que canturreaba una cumbia en los fondos.

"Empezamos con el Facu y con el Víctor con una Itaka: ¡Blum! ¡Blum! —cuenta Manuel—. Con la escopeta: ¡Blum! ¡Blum! Con la pistola: ¡Blum! El que manejaba el auto se quiso ir cuando empezamos a bajarlos y el Mera que se quedó con él, lo paró: 'Eh, guacho, que los pibes están conmigo'. Les bajamos un cargador y después el otro, o sea que le fuimos destruyendo el rancho al chabón. Pero se nos terminaron las balas. Por suerte el Mera estaba arriba del coche. Nos volvimos al auto caminando con los fierros en la mano, y como teníamos miedo de que nos dieran un tiro por la espalda, él desde arriba del coche: ¡Blum! ¡Blum! ¡Blum! ¡Blum!, nos cubrió a todos hasta que salimos de ahí para buscar más balas porque se nos habían acabado. Subimos al coche, vinimos para acá, agarramos un par de balas más, dimos unas vueltas, pero entramos por atrás para la remisería, que era de la madre, la Yoli. A ésa también se la bajamos, no le quedó un auto sano".

El que más lamentó el tiroteo, sin víctimas, sin heridos, fue Pedro, un chico del barrio que tenía el auto estacionado a un costado de la remisería, demasiado cerca. El escopetazo que tenía en la puerta del conductor era como un ojo de pez, del tamaño de una claraboya.

—Eh, Frente, mirá cómo me dejaste la puerta del coche. Mirá la puerta del Taunus! ¡Frente, guanaco! ¡Mirá cómo me dejaste la puerta!

Manuel lo cuenta y larga unas carcajadas secas.

—Bueno, pero quién te mandó a dejar el coche ahí —dice que le contestó el Frente a Pedro, una vez terminado el ajuste de honores, para carcajadas de todos los presentes.

—Mirá que si porque era el coche de Pedro no íbamos a tirar, ¿no? Ya estábamos en el bondi. Era el coche del Pedro, de todos, del que venía. A nosotros no nos importaba nada.

El sábado del descontrol de Brian volvimos del cementerio en un *remise*. Los chicos le pidieron al chofer que pusiera Leo Mattioli, el cumbiero romántico cuyas canciones se saben de memoria. En el camino Pato habló del robo a Sabina y de los otros bardos de Brian esa semana. Chaías contó su propio incidente con Brian y los Sapitos. Le habían puesto una pistola en la cabeza a su hermana.

—Si no hubiera sido por los pibes de la cuadra que la rescataron a los tiros, capaz que la mataban —exageró.

Él intentó vengarse. Pero tampoco andaba demasiado lúcido por esos días: no podía deshacerse de la bolsita de pegamento, la tenía adherida al bolsillo, de donde le asomaba como una lengua de plástico de una hediondez penetrante. Solía oler a pegamento, aunque era sumamente cuidadoso con eso: vivía lavándose los dientes, pasándose jabón para no quedar escrachado ante su padre o ante Sabina. Siempre que estuve con Chaías "de bolsita", cuando partíamos a la casa del Frente, se esmeraba en parecer "careta". Gatilló dos veces desde la esquina hacia la media cuadra apuntando al Sapo, el más grande de la banda, pero con pésima puntería.

—A ese pibito le queda poca vida —dijo el Pato, a la manera en que un profesional diagnostica una enfermedad terminal con plazo estipulado para la muerte.

Antes de volver a la casa, Pato accedió a intentar por enésima vez convencer a Mauro, el maestro del Frente, para que me diera una entrevista. Paramos frente a su casa, a la vuelta del corazón de la villa 35. A través de Sabina había intentado ya varias veces que accediera a ser entrevistado para contar sobre su propia historia y la de su preferido. Pero siempre se había escabullido prometiendo un encuentro en el futuro, en el momento en que ya no fuera tan doloroso recordar. Cuando lo conocí se recuperaba aún de una operación de peritonitis que lo había tenido al borde de la muerte, era portador de HIV y la cirugía lo había sorprendido con una crisis de defensas. Una sola vez lo había visto en la casa de Sabina: pero sólo había accedido para decirme que le provocaba una profunda tristeza hablar sobre Víctor, que se sentía débil, que desconfiara de los que me decían haber sido íntimos del ídolo. "Ahora todos los giles robaron con él, estuvieron con él, eran los mejores amigos de él", se quejaba. Cuando llegamos a su casa no pudimos verlo. Estaba ocupado, atendiendo a Nadia, su mujer.

—No lo vamos a poder ver porque la señora tuvo un ataque de nervios, el hermanito le robó a una vecinita la bicicleta. Parece que le puso el caño en la cabeza. Recién le vino a reclamar el padre de la nena. Ahora la señora está que no para de llorar.

Pato me explicó así la situación. Comprendí la sucesión de historias. Mauro estaba casado con Nadia, la hermana de Brian. Era la cuarta hija de un matrimonio obrero con ocho hijos. Brian era el más chico de todos. Nadia tenía veinticuatro años, era delgada. Ese día tenía puesto un *jean* y una musculosa blanca. La explicación de Pato aclaró por qué apenas estacionó el auto vimos cómo se largó a llorar frente a un hombre que batía las manos y remedaba con la mano el caño de un arma. La veíamos con cierto pudor, a unos metros. Supimos luego que se desesperaba por Brian.

—El Brian es el único varón que queda de los tres que eran. Al más grande lo mató mal la policía. El otro mató a un rati de un tiro en la nuca. Éste es el que queda —contó Pato cuando nos íbamos a su casa, a tres cuadras.

Desembarcamos en la siempre apacible estancia de la casa de Sabina. La nena de la casa gateaba con sus juguetes. El Pato se tomaba un vaso de cerveza helada. Yo ni siquiera recuerdo qué hacía cuando se sintieron varios tiros demasiado cerca. Casi en la puerta misma, tras la cortina azul que nos separaba apenas de la calle. Alfredo Srur entró como empujado por un tifón desde la vereda. Lo conocía como un valiente, no estaba hecho sólo de talento sino también de una especie de instinto suicida que le permitía caminar como sobre una alfombra mullida en el territorio minado de cualquier sitio con suficiente densidad. Quizás porque había sido deportado de California a los dieciocho años y había pasado una semana en la ranchada de unos ilegales en Miami, pero Alfredo tenía una conducta casi tumbera. Sin embargo, esa tarde lo vi palidecer ante la balacera. Los ojos y las comisuras le ocupaban toda la cara. No sabíamos si tirarnos al piso o correr hacia el baño en el fondo. Pensé en el tiro que Sabina lleva aún incrustado en su espalda: había entrado por esa ventana. Del tamaño de una mirilla hecha con los dedos pulgar e índice, justo en el centro de la primera hoja, cruzada por tiras de cinta adhesiva, todavía está la marca que dejó la bala calibre 9 milímetros. El Frente miraba cómo su barrio se batía a duelo.

Nos juntamos como un cardumen en la puerta.

A unos diez metros, sobre la calle General Pinto, gritaba, escupía, insultaba:

—¡Putos! ¡Putos! ¡Ortibas!

Brian había querido matar a un pibe del barrio, el Rana.

—¡Vos le pegaste a mi amigo! —le dijo.

El Rana había tenido un entredicho con uno de los Sapitos. Brian le vació el cargador encima con pésima puntería. Los vecinos no tardaron en salir, armados cada uno con lo suyo. Brian retrocedió apenas vio que se le venían encima una decena de hombres armados. Entre ellos, Rodolfo, el tranquilo vecino del motor, le disparaba con dos revólveres. Desde el medio de la calle, el chico saltaba como poseído, se golpeaba el pecho con las manos. Gritaba:

—¡Giles! ¡Antichorros! ¡Los odio!

Los hombres avanzaron. Algunos con armas cortas, tres de ellos con escopetas recortadas.

De fondo las mujeres gritaban a sus maridos, a sus hermanos, a sus hijos, como si estuvieran ante una pelea de boxeo, como si recomendaran un gancho, un *crack* a la mandíbula o una rendición para salvar el pellejo.

—¡Rodolfo! ¡Cuidado, Rodolfo!

—¡No lo mates, no merece la pena ese pendejo hijo de puta, Rodolfo! ¡Guarda! ¡Basta!

Y así.

—¡Yo lo mato! ¡Yo lo mato! —anunciaban los vecinos.

Uno corrió hacia Brian; tras él, los otros. Fueron dos segundos. Yo miraba desde la retaguardia absoluta de la lucha. Había quedado, medio agachado, en una posición poco elegante, refugiado tras las cortinas y las persianas, mirando por la rendija, amariconadamente escondido, pero sujeto a la vida, al fin y al cabo. Observaba no sin morbo la situación, miraba de costado a mi compañero, perplejo como yo, tan estúpidos los dos al lado de la extraña pericia con que aparentemente se tomaban la situación todos ellos.

No logré contar cuántos eran, ni siquiera atiné a hacerlo. Había estado en algunas tomas de rehenes tirado atrás de un patrullero y a media cuadra de la Infantería, sobre los techos. Suponía, por la profusión de proyectiles —los tiros que cuando salen de varios calibres diferentes impresionan más—, que nuestra distancia a uno de ellos era mínima. Agachado, mirando hacia la esquina, sentí de pronto desde atrás una débil voz, un hilo de voz, que me decía algo así como "temblor" o "tiemblo". Me miré las manos para confirmar si era tan extremo mi julepe como para que me lo estuvieran indicando así. No estaba tranquilo, era cierto, pero tampoco temblaba, no dejaba de estar interesado en lo que ocurría, nunca hubiera salido corriendo. Aunque bien cierto es que no se podía.

—Temblor —sentí otra vez en el oído.

Me di vuelta para ver quién era, con vergüenza, convencido de que había demostrado ser un pusilánime.

—Estoy temblando —me dijo.

Era un niño de seis años. El hermanito menor de Manuel, Javier y Simón, todos hijos de Matilde. Yo estaba en la última retaguardia, detrás de los ancianos, las mujeres y los niños. Las mujeres gritaban, por lo menos. Yo apenas si miraba.

—No pasa nada —dije—. Enseguida termina.

Las escaramuzas allá afuera recién comenzaban. Los hombres avanzaron con una corrida corta, directo a Brian, pero se detuvieron calculando los pasos finales casi en el aire. Brian daba vueltas el revólver 32 en un dedo y se agarraba la entrepierna provocándolos desde lejos. Los Sapitos vigilaban a sus espaldas, cubriéndolo con armas más fuertes y cargadas. Los vecinos, cada vez más, y los rastreros de la San Francisco estaban cuerpo a cuerpo, al límite del acercamiento.

—¡Putos! ¡Putos!

Brian se reía.

Le calcularon la locura. Uno se le tiró al cuerpo y pareció que Brian trastabillaba, que caía sobre el cemento. Hasta que desde atrás respondieron por él sus compañeros de bandita. Con un 32 y un 38.

—¡Guilleeeeee! ¡El Guilleeee!

Fue por el grito de una mujer que supimos que había un herido.

En tan poco tiempo como ningún equipo profesional de rescate, los hombres cargaron el cuerpo de Guillermo Rivas con la cabeza ensangrentada. Una mujer se subió a un auto, lo puso en marcha, retrocedió haciendo chirriar las ruedas, abrió la puerta derecha de atrás, y los hombres metieron al herido como expertos camilleros de ambulancia. La esposa de Guillermo se metió a su lado. Salieron escarbando en el ripio de la calle hacia la guardia del hospital de San Fernando.

Rodolfo, hermano del caído, con un revólver en cada mano, caminaba en círculos. Tenía la bermuda manchada de sangre en una nalga.

—Te dieron por atrás, Rodo —bromeé.

—No es nada, no es nada —dijo.

Los hombres se pasaban de mano en mano, como si fueran caramelos, puñados de balas. El tiroteo no cesaba.

Brian siguió saltando, amenazando y golpeándose el pecho una hora más. Le sangraba la mejilla. Se había dado él mismo haciendo girar el 22. Pero no sería ese día el de su muerte. Sólo le produjo un roce.

Hubo más tiros, muchos más tiros. A nadie se le ocurría llamar a la policía. Hablé con Sabina. La convencí de que era mejor que se lo llevaran, que lo golpearan en la comisaría, antes de dejarlo morir así, pidiendo que lo mataran.

Los patrulleros rodearon la villa. Pero no hubo quien se acercara para decir dónde estaban escondidos Brian y los Sapitos.

—¡Yo no soy ninguna vigilanta! ¡Dios es grande y que sea Él el que lo castigue! —gritaba la madre de Guillermo.

Ni sus hijos la convencieron de que los delatara, que dijera que estaban guardados en el mismo rancho donde fue asesinado Víctor Manuel el Frente Vital, donde ahora vive un grupo de mujeres que protegen a los Sapitos, considerados rastreros e inmundos por el resto del barrio porque "empastillados no diferencian a su madre de una comadreja" y porque roban sin distinción de clase, sin códigos, sin el orden que había cuando el Frente estaba allí y daba de los que más tienen a los que tienen menos. Al final los encontraron. El caos se calmó hacia las diez de la noche.

Volvimos el martes al mediodía. Rodolfo estaba otra vez en la puerta. Tenía la nalga herida, le habían dado un tiro con un 38 y la bala continuaba adentro. Se bajó el pantalón para mostrarme el perfecto agujero que le había dibujado. Media hora más tarde salió Guillermo. Tenía una marca como la de su hermano, un poco más chica, de calibre 32, en la mejilla izquierda. El tiro le había cruzado la cara hacia el ojo derecho. Lo tenía allí, según los médicos que lo atendieron y se reunieron a contemplar las radiografías haciendo exclamaciones de asombro, a un milímetro del cerebro. En el hospital no le dijeron que fue un milagro; le dijeron: "Vos no tenés culo, tenés un continente", por la infinita suerte que había detenido la bala.

Se había ampliado el campo de acción de los favores del Frente. Siempre invocado para defender a los pequeños ladrones de la policía, ahora manejaba las balas de los propios. Él, que comenzó robando bicicletas caras de deportivos burgueses porteños, ahora, según la inmediata interpretación del barrio, había tenido que salvar a los propios de una guerra nueva, esa que intentaba evitar con sus malos modales al "imponer respeto" en el barrio. Había tenido que salvar, entre otros, aquella tarde, al Brian, un ladrón como el que fue el Frente Vital en vida, un ladrón de esa misma edad, pero en un país que ya no era aquel de las grandezas.

Capítulo VII

El estrecho cuerpo de Daniel se fue acomodando a esa cama de terapia intensiva. De pronto, un día, ya no estuvo conectado a la máquina que lo hacía respirar. Luego, en otra visita, no tenía el casco de vendas blancas que le protegía la herida enorme en la cabeza tras el golpe en el tren blanco. Su bigote de niño, una pelusa gris, tupida, le crecía, y a Matilde esos mínimos signos de vida le alimentaban el sueño de la recuperación. A Estela, su hermana, solía alentarla ver que si tocaba una mano, la derecha, a veces movía la izquierda. En su rostro buscaban la mirada que ya nunca más. Esa situación de muerte en vida, ese vacío abismal de quien según todos los diagnósticos ya nunca saldría del coma, fueron lentamente siendo asumidos por la familia. Daniel había quedado postrado en una sala de cuidados intensivos, con casi todo el organismo intacto, salvo ese hundimiento en la cabeza que nombraba con su crudeza de lesión mortal el momento en que el golpe contra una viga había desencajado la mirada de su hermano Javier y la de todos los cartoneros de ese vagón hacinado. "El cerebro de un lado le obedece, pero del otro no, porque es donde está lesionado. Va a vivir hasta que el corazón pierda fuerza", fue el dictamen de Marga, la *mai*, semanas después del accidente, cuando me contó su vida en la cocina de su casa, desprovista del espíritu de la Africana que la hacía hablar en portugués.

—Marga, usted hizo una ceremonia. Pero él está mal. ¿Morirá?

—No es el momento adecuado, será cuando Dios le ponga su tiempo. Todos venimos al mundo con una misión. Yo soy vieja y capaz que voy a vivir muchos años más, porque vine para sufrir, llorar, reír. Pero hay chicos que vienen tan puros que llega cierta edad... Yo creo mucho en la reencarnación. Hay chicos que se van jóvenes porque vienen con ese tiempo. Todos tenemos un tiempo.

En el mundo de Marga todo tiene una explicación religiosa. La paradoja es que su oficio, el mandato que lleva adherido como un tatuaje sobre la piel arrugada, la obliga a recibir los pedidos de la villa para torcer el destino. A intentar las estrategias paganas con las que solicita, ruega y compromete a los santos de su religión. En el caso de Daniel, Marga había dado el combate prestando su cuerpo para interceder poseída por el espíritu de la Africana, en una ceremonia ante Ogún: aquella noche de las curas con refriegues y colonia, cuando me quebró tantas velas haciéndolas rodar por mi espalda, Matilde se había robado la gallina amarilla pedida para "el trabajo" y luego la *mai* le había ofrecido esa sangre tibia a Ogún. Varias semanas después me habló de la paradójica diferencia entre Daniel, a los catorce años cartonero desde los siete, y sus hermanos Javier, Manuel y Simón, ladrones con tantas fugas de institutos que ninguno de los tres sabía cuántas habían sido. Esa visión maniquea, en la que los buenos pagan por los malos, es la misma que me confesó Matilde una tarde de septiembre en el viejo bar de la esquina del hospital de San Fernando. "Yo pienso en todo lo que anduvieron a las balas los chicos míos: justo él que era el diferente pagó el pato por los demás. Gracias a eso capaz que los otros tres están todavía vivos. Siento que Dios me castiga a mí por lo que los otros fueron. Es como que de alguna manera no puede ser que ellos se hayan salvado de todas y a ninguno le pasara nada; siempre uno tiene que pagar. Y pagó un inocente. Siempre los inocentes pagan por los pecadores".

Marga también tiene un hijo muerto, Miguelito, el inocente, el que nunca robó, el que pagó por su hermano pecador. Cachito, el hijo mayor de Marga, preso todavía en Olmos por el robo de una 4 × 4, el mismo heredero de una larga tradición delincuencial en la familia, se siente en deuda por ese fusilamiento policial que terminó en Beccar con el más bueno. "Así, muerto por balas, tendría que haber venido yo a su casa", solía decirle a su madre Cachito jaqueado por la culpa. Ella recuerda a su hijo asesinado como si hablara de un niño, aunque lo mataron a los dieciocho. "Era chiquito. Mi nene estaba siempre conmigo, donde andaba yo andaba él, y la policía lo mató mal. No tenía malas amistades, venía temprano del baile. Le decían el 'Zurdito', jugaba muy bien a la pelota, por eso era muy conocido y todo el mundo lo quería". Marga no cuenta detalles de esa muerte, pero está segura de que lo mataron "malamente". La policía le dijo que lo tirotearon por "malviviente" cuando él y otro chico escapaban en un auto. "¿Cómo pudieron tirotearlo si mi hijo no había estado detenido ni por falta de documentos?", le dijo ella al comisario en la única discusión por la muerte de su chico. A su Miguelito, todos lo cargaban, le decían "el mamero". Su hermano mayor, como la mayoría de los ladrones, no quería que el más chico de la familia viviera sumergido en el delito. "Mami, no lo dejés andar tanto en la calle", dice Marga que Cachito le pidió siempre. Hasta la única que vez que Miguelito hubiera podido viajar a Mar del Plata con sus compañeros del colegio su madre no lo dejó, le dio miedo. "Dios por ahí me castigó por haberle dado más alas al otro", cree Marga, como Matilde.

Aunque tampoco le daba tanta libertad. Lo que pasa es que Cachito se le escapaba, y allá andaba ella buscándolo, arrastrándolo a él, y de paso a todos sus amigos, hasta la casa con ese patio generoso y parra frente al campito y la villa. La tribu de Cachito fue la misma tribu que la de Mauro, el padrino del Frente. También formaron parte del grupo Marcelo, Fernando, al que asesinaron; el negrito Camerún, muerto por la policía; un pibe de apellido Sejas, que murió de sida. "Todos de la misma edad y todos de la murga Los Cometas de San Fernando".

Murga y umbanda aparecen una y otra vez a lo largo de la tarde. Pero al hablar, casi al final de mi incursión, con Marga, esta *mai* que tan esquiva había sido, que tan en las sombras había permanecido a pesar de su centralidad en la historia del delito en el barrio, al conversar con ella sobre ese grupo de pibes muertos que compartieron todos los carnavales de sus vidas, alcancé a relacionar la historia de Miguelito, su hijo asesinado por la policía, con las que me habían sido entregadas apenas llegué al territorio del Frente, un día de invierno del año 2001. Esa mañana un personaje entrañable para el barrio entero, uno de los más respetados vecinos, Pupi, o Roberto Sánchez, como Sandro, se acercó a nosotros lleno de intriga. Frunciendo las cejas al sol, hizo un mohín con el pelo largo muy cuidado y nos preguntó al fotógrafo, a mí y al chofer qué nos había acercado por el lugar.

"¿La historia del Frente?". Roberto conocía al Frente Vital desde que era "un pendejito" al que corrían "a patadas en el culo" y hacían pagar derecho de piso los que en esa época eran dueños de la esquina. Me citó en su casa a una hora fija de la tarde. "Quiero mostrarte una lista que tengo ahí —dijo—. Acá, en estas pocas cuadras, murieron más de veinte pibes desde que me acuerdo. Yo las fui anotando. Lo tengo todo guardado". Su casa es de madera y en medio de la austeridad se suben unos sobre otros los detalles: cuadritos, imágenes de revistas, pósteres, fotos, adornos. Allí me entregó su material: catorce hojas de carpeta, cuadriculadas, escritas a mano y en una prolija letra imprenta, hasta los márgenes del papel. "Aquí yo fui contando las muertes. Fueron demasiadas". En las hojas se suceden los nombres, los apodos, remarcados con birome, los nombres de los caídos.

Roberto también me mostró fotos. Y recortes de diarios. Son noticias policiales con imágenes de cuerpos tirados sobre el asfalto. En las fotos son casi todos niños. Tiene una de la comparsa Los Cometas de San Fernando. Son unos treinta chicos encimados, abriendo los brazos, extendiendo el brillo de sus levitas fucsia, sonriendo a la cámara del carnaval. De ellos quedan muy pocos, cuenta. Podría, con la foto, reconstruirse la historia. Con sólo hacer un círculo en cada uno se iría completando la sangría de los noventa en la villa San Francisco. Pero la historia está escrita. Él decidió inscribirla. Él no pudo evitar llevar un registro. Desde que murió el primero comenzó a anotar. No mucho. Sus portes, el color de sus ojos, los rasgos, algunos detalles, y la forma en que murieron, las circunstancias de sus muertes. Nunca los había mostrado pero me los entregó ese día, me dio sus originales con el compromiso de devolverlos y no me pidió nada a cambio. "Podés hacer con esto lo que puedas", me dijo y se desprendió de esas muertes en el final de un homenaje.

El registro de Roberto comienza con una introducción y un resumen. "Esto es un pequeño homenaje que me gustaría rendirles a todos mis amigos que fallecieron bajo las balas de las metrallas de la policía. Algunos de ellos eligieron suicidarse, otros murieron por accidentes y otros en peleas callejeras. Nueve de ellos murieron en las calles de mi barrio, o sea, las mismas calles en que ellos vivían o caminaban todos los días, allí donde jugaban cuando eran niños. Las calles son las siguientes: French y General Pinto, que es donde yo vivo, y las otras calles son Las Tropas, Sarratea, Berutti y Quirno Costa. De todos los chicos que voy a nombrar, la mayoría formaban parte de la delincuencia juvenil de nuestros días y cuando me refiero a la mayoría, quiero decir que no todos andaban por mal camino. Las dos chicas que nombro en esta trágica historia no andaban en nada raro, pero el destino quiso que una perdiera la vida por accidente y otra se suicidara, ambas con armas de fuego. Creo que en todo esto tuvo mucho que ver la desocupación, las malas compañías, la falta de afecto, la miseria que existe en los barrios marginales y sobre todo algo que está destruyendo a una gran parte de nuestra sociedad que es la droga, que te destruye tanto mentalmente como físicamente. Muchos de estos chicos que cayeron bajo las balas policiales se encontraban alcoholizados o drogados. Con algunos de ellos crecimos juntos, a otros los vi crecer. ¡Dios mío, eran demasiado jóvenes para morir! Algunos no llegaban a los veinte años. La mayoría de ellos paraba en mi casa, porque tengo un pequeño quiosco. Compraban cervezas y gaseosas, se sentaban en un banco de cemento que está en la vereda y bebían tranquilamente. Algunos de los que voy a nombrar más adelante no murieron en el barrio, pero sí en los alrededores, como ser en Tigre, General Pacheco, Virreyes, Don Torcuato, y por supuesto en San Fernando. De mis veinticinco amigos que perdieron la vida trágicamente, catorce eran integrantes de la comparsa Los Cometas de San Fernando, en la cual me incluyo, porque fueron muy buenos compañeros, más allá de que hayan elegido un camino equivocado. También hay muchos que cayeron heridos de bala, de los cuales algunos quedaron rengos, inválidos y otros están privados de su libertad. Mientras que otros después de purgar varios años de condena están otra vez en la calle. Sí, yo lo sé, parece el lejano oeste, pero esto pasó aquí en mi barrio, entre las décadas del ochenta y del noventa. Hay nombres y apellidos, y hay fechas exactas y veinticinco tumbas esperando una flor. Aquí están los nombres y sobrenombres de los cuales voy a tratar de detallar cómo perdieron la vida".

En ese texto largo y ordenado, la sucesión de chicos caídos cierra el estómago, nubla la mirada, se va haciendo insoportable a medida que se avanza. De todas esas muertes, una de las que más me conmovió fue la de Camerún. "Se llamaba Fernando Vargas. Empezó como todos los chicos que toman el mal camino, robando pavadas y luego cosas de más valor; cuando probó la droga ya no pudo parar. Su familia se dedicaba a juntar cartones, con carro, a caballo, cosa que él también hacía hasta que anduvo en malas compañías y eso fue su perdición. De cosas menores pasó a robar coches y lo más cómico era que se paseaba por el barrio con un auto distinto casi todos los días. Era más que morocho, tenía el cabello lacio, ojos achinados, siempre andaba con una sonrisa en los labios. Sabía respetar y a su vez era muy respetado por sus compañeros de armas. Le gustaba vestirse bien, con camperas de cuero y pantalones y zapatillas nuevas. Creo que eso se debía a que cuando era un niño andaba semidesnudo y descalzo. Cuando fue más grande salía a robar bajo los efectos de la droga. Una vez le dieron un tiro en la espalda, lo salvó que estaba drogado y empastillado. Eso fue lo que lo mantuvo con vida. A muchos de los chicos del barrio los hirieron en ese estado, ya sea la policía o en peleas callejeras, y todos los que hablaron conmigo, que fueron unos nueve o diez, me contaban lo mismo, que sentían un fuerte golpe al recibir un impacto de bala y que podían seguir corriendo o caminando según donde les pegaran. Y decían que eso los salvaba de caer desmayados: el alcohol y la droga que tenían encima les daban la fuerza suficiente para mantenerse en pie. En el barrio había, y hasta ahora hay, esos malditos informantes de la policía, o los buchones como ellos los llaman. En este caso una buchona mandó al frente al negro Camerún. Todo el barrio sabía que ella trabajaba con la cana. Todos los días paraban los patrulleros en su casa, ahí estaban los jefes de calle y la manga de policías corruptos y asesinos. Un día Camerún roba un auto en un barrio que se llama Infico, que es de departamentos, y un auto de civil con dos policías lo sigue. Camerún se da cuenta y se manda a toda velocidad. Pero es alcanzado y acribillado a balazos en el acceso norte en Tigre. Durante el velatorio los familiares abrieron el cajón que estaba cerrado y vimos que le habían volado la mitad de la cara de un itacazo".

La prosa de Roberto es implacable. Se repite con cada muerto: Camerún, Papilo, Taty, Poti, Samuel, Cuervo, Laly, Fredy, la Gorda María Marta, Chinito, Maikel, Miki, Miguel el "Alto" y Miguelito, el hijo de la *mai* que no andaba en el robo. "La historia de Pupi es la historia de la barra de mi hijo, el más grande, el que está preso. Había un vigilante en French e Ituzaingó, y el hijo de ese vigilante mataba a todos los chicos, le decían Fredy. Cualquier cantidad de chicos mató ése. Ahí en la esquina de Pupi estaba el boliche, ahí murió el Manco. Los que no murieron ahí, por ahí andan. Fredy desapareció del barrio".

La *mai* de San Francisco cuenta los caídos del barrio; y si fuera a terminar cada una de sus historias, no alcanzarían las tardes, dice, para ser justos con todos. Pero se detiene siempre en su hijo muerto. Hay un lugar en el que la *mai* cree que su vida se quiebra en dos hace unos treinta y tantos años. Es que ésa es la edad que tendría Miguelito y ése es el tiempo que lleva "en la religión", que es su manera de decir que es umbanda.

Al niño lo bautizaron "por la religión" a las seis de la tarde del 23 de abril, el día de San Jorge, o su versión umbanda, Ogún. "El *pai* lo cruzó con sangre", me dijo Marga. "La religión" lo ocupó todo a medida que el tiempo transcurrió. El santuario para sus deidades caboclas y africanas ocupa la mitad de su casa. Casi no hay día en que no reciba algún pedido. De pronto, escuchándola, entiendo que ella es la memoria de la villa, que ella es la depositaria de los más secretos pecados; así como Chaías le pidió que le curara el gualicho que le estaba haciendo salir escamas en el cuero cabelludo y en esa ceremonia iba su amor y odio con María —la eterna enamorada del Frente— prohibiéndole ver a sus hijos; así en cada pase mágico que intenta se va una historia de amor, de resentimiento, de frustración o de muerte. Ella es quien ha hecho las ofrendas al *pai* Ogún para que las balas no toquen a sus chicos, cada tarde de jueves en un descampado que da a la Panamericana.

En realidad, se acuerda Marga, ella comenzó a visitar al *pai* Atilio, en Martínez, cuando su hijo, el más grande, se enfermó de una virósica. Atilio era un tipo simpático. Los presentó el padrino de Emilia, con quien se conocían de los carnavales. Atilio era de la murga Los Fifí de Victoria. Y a ella los carnavales siempre la ilusionaron. Poco tiempo antes de que naciera Miguelito, empezaron una amistad. El *pai* quería apadrinar al chico. El marido de Marga, un cantor de tangos farrero y mujeriego, cada vez la dejaba más sola. "Andaba en los boliches y me trataba mal". Tenía otra mujer: una rubia que le duró años. En abril bautizaron por la religión a Miguelito; en junio, cuando la criatura tenía cinco meses, el tanguero la dejó. Se quedó sola y sin trabajo. Su compadre, el mismo que la llevó con Atilio, tenía una parrilla en Martínez, en la calle Edison. Entró como cocinera. Pero al tiempo el compadre agrandó el boliche y comenzó a atraer más público con noches de canto y baile. Su ex marido tanguero apareció como número central del espectáculo, pero acompañado siempre por "la otra". No lo soportó. Consiguió empleo en un restaurante de Tigre. Entonces se sintió independiente. La religión comenzó a ser lo más importante después del trabajo cotidiano. "Siguió mi vida trabajando, y seguía frecuentando al *pai* Atilio. Aunque no me bautizaba todavía, ya adoraba a los *pai*, limpiaba el templo, iba a las ceremonias".

Miguelito tenía siete cuando Marga se convenció: quería "ingresar" en la religión. No fue con Atilio que se bautizó. Fue con una *mai*. "La conocí porque tenía un chico amigo, un mariconcito que se crió en mi casa. Ahora es fallecido él también. Todos le decían la 'Tía Rina'". Tía Rina, en realidad, se llamaba Daniel, según figura en su documento, fugado de una casa en la que no le permitían soltar la pluma de su desplante sexual, se fue quedando en la casa de esta mujer sola, haciéndose necesario, convirtiéndose en su mano derecha. Ella trabajaba en el restaurante, él le cuidaba a Emilia, Jorge y Cachito. Cuando Marga regresaba, Tía Rina había limpiado, cocinado —nadie superó su arroz con leche y su budín de pan— y ya tenía a los tres niños bañados, listos para comer en la mesa familiar e irse a la cama. "Mis hijos lo adoraban: con ellos era como una gallina. Él falleció hace cuatro años de un sida fulminante". Tía Rina era umbanda desde pequeño. Le fue hablando a Marga mientras limpiaban, mientras juntos lavaban la ropa, de su capacidad para atreverse a ser *mai*, para comprometerse con la religión, para poner el cuerpo en trance, para incorporar espíritus. "Yo ahora tengo templo y mis cosas, tengo hijos de religión, bautizo. Esto es una cadena. Las madres van teniendo hijos. Cuando uno llega a ser *mai*, recién puede tener hijos".

Igual que Matilde, Marga tiene un lunar tatuado en el pómulo izquierdo. Todavía se ríe, a los sesenta y cinco años, de ese momento de complicidad máxima, de aventura y toma de posición de sus dulces dieciséis. Eran tres amigas, empezaban a sentirse libres, a retozar con los primeros novios, caminaban abrazadas por la calle, la vida les daba vértigo. Marga estudiaba corte y confección, le encantaba jugar al básquet, era una chica ágil de piernas largas. Se miraron cuando terminó el punzado de tinta china sobre sus caras y esa noche se emborracharon. Poco después Marga conoció a los primeros hombres ladrones que la rodearon. "Yo conocí el hampa", dice Marga con una sonrisa de orgullo. Sus relaciones con el micromundo delincuencial de la zona norte son como galones en su devenir *mai*. Uno de sus hermanos inauguró Olmos. Luis el "Gordo" Valor, el capo de la banda más famosa de los años noventa, se crió a dos cuadras de su casa y es el padrino de una de sus sobrinas. "Yo fui una mujer rodeada de chorros", asume. Su tío era contrabandista y ladrón, cruzaba el río en una barcaza llevando y trayendo productos según las temporadas. Por sus familiares del ambiente, terminó novia de un miembro de la banda de Rififí: eran siete, se vestían petiteros y actuaban siempre de maletín elegante en la mano. Usaban unas poleras con cuellos y puños negros. Cuando bajaban de un sedán lustroso en el centro comercial de San Isidro, la cuadra entera temblaba. "En esa época el código se cumplía —festeja Marga—. Si la policía decía, 'esta es mi zona', ellos se iban a robar a otro lado y no pasaba nada".

La policía y su sombra azul termina por aparecer hasta en la más inocente de las historias de la villa. Si no es matando, es omitiendo intervenir donde los asuntos se definen con la ley del más fuerte. Cómo será la omnipresencia de la policía que aparece hasta en la propia religión. Ya me lo habían contado los chicos, fanáticos devotos, pero me lo confirmó también la *mai*: el santo más adorado por los ladrones es San Jorge, o *pai* Ogún, según el sincretismo umbanda. "El *pai* Ogún es nuestro guerrero, pero al mismo tiempo de alguna manera también es la policía. A él se le pide para que proteja". Descubro que la ceremonia en la tumba del Frente es una variante privada de la ofrenda que cada tantos meses los ladrones hacen a San Jorge para no "perder", caer presos o morir bajo la metralla. San Jorge surge como estandarte de sur a norte en todo el conurbano. San Jorge luce tatuado en la espalda de Manuel como uno de esos viejos pósteres de pésima impresión. Y sus reminiscencias medievales atraviesan la piel de casi tantos chicos como he conocido. La filosa lanza que el caballero lleva en la mano para atravesar al dragón de siete cabezas rugiendo a los pies de su caballo blanco se dibuja en los cuerpos de los pibes chorros, asesinando todo tipo de alimaña infernal, destruyendo el mal anunciado de serpientes feroces o monstruos alados.

San Jorge es un mito de la Roma antigua. Nació en el año 280 de la era cristiana y murió casi veinticinco años más tarde, el 23 de abril del año 305. Se cree que la lucha contra el dragón de siete cabezas es la que emprendió contra el imperio fundado sobre las siete colinas. Su padre era un jefe de alto rango en el Ejército. Por su cercanía al poder, el emperador conoció al joven Jorge, e impresionado por su altivez le rogó que ingresara a sus filas de guerreros. Pero no imaginó que Jorge se convertiría en un disidente: su madre lo había formado secretamente en el cristianismo. Ante los avances del monoteísmo que había profesado Jesús de Nazaret, el emperador romano Diocleciano ordenó la represión. San Jorge se negó a participar en esa persecución a los cristianos. Diocleciano lo entregó a los verdugos: lo tiraron desnudo en un pozo de cal viva, lo ataron de pies y manos, lo golpearon, lo arrastraron, lo pusieron en una rueda llena de cuchillos, lo flagelaron hasta hacerle perder los sentidos.

Pero la crónica judeocristiana coincide en sus diferentes versiones: milagrosamente se le curaban las heridas, la muerte parecía huir de él. Incluso un mago del emperador le dio un licor envenenado que no le hizo efecto. Esos supuestos milagros horadaron la fe pagana del hechicero. Terminó pidiéndole que resucitara a un hombre que llevaba pocos días muerto como prueba final de su creencia prohibida. Jorge lo devolvió a la vida con un rezo. El mago contó el milagro a los soldados. Cuando la historia llegó a sus oídos, Diocleciano ordenó decapitar al hechicero. Luego envió a varios emisarios para que Jorge se retractara a cambio de terminar con las torturas. Fue inútil.

Durante días resistió. Harto, Diocleciano lo hizo arrastrar al templo de Apolo. Ante toda la corte, los sacerdotes y el pueblo, Jorge volvió a negarse a adorar a los dioses romanos. Como último acto de afirmación, hizo que rodaran las estatuas profanas del palacio. La emperatriz Alejandra, una bella mujer que escondía su verdadera creencia, saltó de su trono y gritó ante su esposo y la multitud seducida por el cautivo milagroso: "¡Yo también soy cristiana!". Diocleciano, cuyo gobierno se conoció como "la era de los mártires", hizo azotar a Alejandra, su propia esposa, hasta la muerte. Para Jorge guardó la saña de sus verdugos: apedrearon su rostro ensangrentado y lo ataron a un caballo al que obligaron a correr desbocado. Cuando después de una legua de galope el suplicio terminó y se suponía que Jorge ya no respiraba, los soldados se acercaron al cuerpo y vieron, incrédulos, que no tenía una sola herida. El 23 de abril su cabeza rodó ante la turba romana. Se supone que entonces comenzaron sus milagros, siempre dedicados a los necesitados: mientras vivió, dilapidó su fortuna en asistir piadosamente a los enfermos, entregando ropa y alimentos a los pobres y perseguidos.

La otra historia que funda la santidad de Jorge es del orden medieval de las hadas y los lagos encantados. Jacopo da Varazze —a quien en castellano se da el curioso nombre de Santiago de la Vorágine— fue un dominico genovés que, en la segunda mitad del siglo XIII, recopiló en latín casi doscientas vidas de santos. Según su versión, Jorge era un oficial romano que recorría el mundo como caballero andante. Así llegó a la ciudad de Silebe, en la provincia de Libia, cuando un dragón sumergido en las aguas de un lago aterrorizaba la región. Los habitantes de Silebe trazaron una estrategia poco inteligente: entregar dos ovejas cada día para saciar la voracidad del animal. Pronto los rebaños fueron diezmados. La hambruna inminente llevó al rey a decidir que el sucedáneo para el dragón debía ser un manjar superior, una joven virgen sorteada de entre las doncellas del pueblo. La suerte quiso que pronto fuera el turno de la única hija del rey, una frágil y callada princesa. Ante la presión del pueblo, debió sacrificarla. La princesa marchó sumisa y llorosa hacia el lago. Estaba a punto de ser entregada al monstruo cuando el guerrero "hermoso como un ángel" apareció para rescatarla. San Jorge, con una lanza en su mano, galopó en su corcel blanco hacia el dragón sobre las aguas y le atravesó el corazón. Moribunda la bestia, el caballero la enlazó y junto a la princesa lo arrastraron hasta el pueblo para terminar de matarlo frente a la muchedumbre. En el mito de San Jorge y sus metáforas de salvación a través del sacrificio de inocentes, se lee la misma explicación que Marga y Matilde dan para comprender el destino trágico de sus hijos menores. Marga considera que Miguelito, asesinado por la policía, pagó los pecados de ella, de su familia y de su hijo ladrón. Matilde cree que Daniel sufrió el accidente que lo dejó en un coma profundo porque de esa manera paga los pecados que cometieron su madre y sus tres hermanos ladrones, Manuel, Simón y Javier. La adoración a San Jorge es un intento de que el destino no se cobre con vidas la elección del delito de los jóvenes caballeros sin montura, que salen a combatir y robar a punta de pistola.

La *mai* tiene su propio San Jorge, o su propio *pai* Ogún, desde que fue bautizada en la religión pagana. Para los umbanda, los Ogún son siete diferentes deidades, cada una con un origen distinto: el Ogún de quien es "hija" Marga es un antiguo indio, dice. A él le ofrenda lo necesario para conseguir que un pibe chorro sea protegido. Marga se concentra en las explicaciones sobre las formas de sus ritos. "Cuando los chicos roban, con eso compran todo para la bandeja que preparo al *pai* Ogún. Ogún es el mismo al que la gente llama San Jorge. Es el guerrero de nosotros, y es la policía". Quizás por su condición de militar romano, quizás porque es el patrono de la caballería del ejército argentino, San Jorge para sus fieles es la policía. Y esa condición no lo rebaja ni lo mancha: es como si para obtener la impunidad al salir a robar fuera necesario negociarla con un santo que encarna la misma condición marcial del enemigo que se debe neutralizar. Claro que al entregar los regalos a Ogún siempre es mejor, por lo menos para la Africana, que sean productos del robo. Y siempre es la Africana a través del cuerpo de la *mai* quien intercede por los ladrones ante el *pai* Ogún.

—¿Cuánto hace que la visita la Africana?

—Como veinte años, hace ocho que incorporo entidades.

—¿Cómo es incorporar entidades?

—La llamás a la entidad y de repente te sentís en un vacío y el cuerpo ya no está. Yo incorporo el *pai* Yangó, el *pai* Ogún, el Santo. El espíritu te domina el cuerpo, la lengua, vos ves y escuchás todo lo que pasa. Por ejemplo, vos estás hablando con otra persona, y la Africana por intermedio de mi mente y mis ojos ve todo lo que estás haciendo y hablando. Pero cuando ella se va, deja en mí sólo lo que ella quiere. Ella no puede dominar la mente, porque si me lleva la mente yo me muero. Lo que ella quiere que yo sepa lo sé; lo que ella no quiere, no lo sé. Por ejemplo, cuando falleció mi hijo, cinco días antes la Africana le dijo a mi hija que iban a llorar mucho, que tuvieran cuidado conmigo y mi corazón. Cuando me lo contó pensamos que iba a morir mi papá, que tenía como noventa años. Nunca imaginamos que sería Miguelito. El día que lo mataron renegué de mi *pai*: ¿por qué no dijo lo que iba a pasarle a mi nene? Cuando la Africana volvió, les dijo a mis hijos que ellos no eran quienes para contar o decir lo que no se les permite, que están bajo Oxalá, que es el Supremo. Todos los *pai*, incluido Ogún, son hijos de Oaxalá. Están los Oriyás, que son los santos. Los Cosme son los bebés. La *mai* Oyún no habla, emite un sonido de llanto, y los Cosme se pegan, juegan, toman mamadera. Son los que se arrastran, no caminan, pero son los más fuertes porque se llevan lo malo de la gente. Acá también vienen muchas mujeres de la vida y les hago baños de Pompayira, porque ella atrae mucho a los hombres. Y después están los Exú, que también van comandados por el *pai* Oaxalá, por más que la gente diga que son diablos. Son espíritus bajos, con ellos se hacen maldades. También se hace lo bueno. Yo no hago lo malo. Yo hice una promesa. A mí se me murió un nietito hace más de veinte años, y prometí curar enfermos y chicos. Hago separación de parejas, unión, limpieza de casa, pero siempre la línea blanca. Con los Seyú trabajo, pero siempre lo bueno.

La Africana, el personaje que encarna en el cuerpo de Marga haciéndola hablar en portugués, tiene una especial debilidad por los objetos robados. Por eso, a pesar de que son varios los espíritus que incorpora la *mai*, es la Africana la que se ocupa de armar ese dechado de símbolos para ofrecer los jueves a Ogún. "La Africana prepara la bandeja y así se le paga a Ogún. Primero se escribe en un papel el nombre del chico que hace 'el pago'. La bandeja se hace con papel crepé verde, blanco y rojo, el color del *pai* Ogún. El maíz se separa, se selecciona, porque no puede estar roto, y se torra sobre una bandeja que tenemos siempre revolviendo, para que no se queme. Después se prepara la pipoca, que es como ustedes le dicen al pochoclo. Se ponen siete tiras de asado sin ser cortadas, bien adobadas, al horno y a punto, ni muy cocinadas ni muy duras. Se acomodan en forma de herradura. Se ponen tres naranjas y tres manzanas cada una cortada en siete; faltan entonces las hojas de lechuga bien frescas, los siete metros de cinta verde, blanca y roja, y una faquita de madera, como de juguete. Al final se le ofrece una cerveza blanca con un vaso, y un cigarro, todo a nuevo".

Uno de los ejemplos más usuales que utiliza Marga para comprobar la efectividad de sus hechizos es el de Simón. Simón se escapó por lo menos dos veces de la muerte anunciada, con lo cual queda claro para la *mai* que su cuerpo ha demostrado tener un milagroso escudo de inmunidad. La primera salvación fue aquella vez en que le dieron el tiro en el pecho en un pasillo de la 25, cuando al llegar a la guardia del hospital el camillero le dijo: "Dios te ama". La segunda fue cerca de la casa de Marga, del otro lado de la villa, en el asalto a un supermercado. En las dos ocasiones Simón terminó mal herido. Si estaba protegido, ¿por qué entonces las balas lo alcanzaron? Marga cree que las heridas que a pesar de los hechizos ha sufrido Simón son el resultado de su rebeldía, de su "cabeza dura".

El día del asalto al mercado, Simón estaba en la casa de la *mai* cuando había incorporado a la Africana.

—*Criança, no salgas. Você no tein que tocar el ferramento* —le advirtió la Africana, que ha decidido que en portugués se le dice "ferramento" al "fierro" argentino.

Ya despojada del espíritu de la Africana, Marga insistió:

—Hacele caso a la *mai*.

Simón la miró sonriente. Ella entró a su cuarto a sacarse la pollera de las ceremonias. No alcanzó a salir de la pieza y Simón ya se había ido. A los quince minutos Marga escuchó los tiros.

—¡Simón! —le salió de los labios como un conjuro.

Esa vez Simón tomó rehenes. Él y su compinche, Corcho, no habían calculado el vigilador privado de refuerzo que había en el lugar. Pretendían hacerse de la caja con el dinero grueso, pero les habían dado mal un dato: creían que el botín estaba en el piso superior del local donde había un depósito de mercadería. Se demoraron y la policía llegó cuando todavía mantenían a los clientes y al personal inmovilizados contra el suelo. No hubo negociación, los bonaerenses arremetieron con sus pistolas entre las góndolas y cuando se dieron cuenta de que había alguien arriba hicieron llover las balas tirando al aire: ametrallaron desde abajo el entrepiso de madera como si apostaran a dar en la sien del ladrón escondido. A los diecisiete años, Corcho cayó abatido sin verles las caras a sus asesinos. A Simón lo encerraron finalmente entre dos cajas registradoras y se entregó, pero igual cayó al sentir el dolor del plomo en una pierna. Enseguida recibió uno de los tres tiros que le dibujan ahora una marca profunda en el antebrazo, balas de diferentes asaltos que penetraron en la carne casi por el mismo orificio. Su hermana Estela se desesperó cuando llegaron con la mala noticia: "Lo mataron", le dijeron. Corrió así como estaba hasta el mercadito. Su madre, Matilde, tardó apenas unos minutos en llegar a socorrerlo: "¡Déjeme pasar, soy la madre!". Simón se había arrastrado hasta quedar tirado sobre la vereda buscando la calle para evitar el fusilamiento, el siempre temido tiro de gracia. "Matilde llegó justo en el momento. Lo iban a matar, le querían tirar en la cabeza, rematarlo", cuenta la *mai*. "Simón tiene el camino muy oscuro. La vida le depara mucho peligro. Pero para mí Simón es como Facundo, si tengo que dar la vida, si tienen que matarme para salvarlo, que se haga".

—¿Usted cree que los pibes sienten el riesgo cuando salen a robar?

—No sé si lo sienten o les gusta desafiarlo. Son chicos que no han asumido la responsabilidad que tendrían que tener en la calle. No ven el peligro que están viviendo en sus vidas. Se creen fuertes, que se van a llevar el mundo por delante y no puede ser. Yo pienso que de cinco años atrás a esta parte empezaron a robar a cualquier edad. Empezó la miseria. Diez años atrás quedaba muy mal que en una familia de ladrones los más chicos robaran, para eso estaban los adultos. Pero en los últimos años la miseria es atroz, y para colmo la policía cada vez es más dañina. Además vino esta época mala de la droga y esta junta de los pibes allá abajo, en la esquina, siempre drogándose. Empezaron con pastillas y porquerías. Primero eran los grandes los que se drogaban, después los chicos más chicos. Con esas pastillas pierden la noción de todo. Los enloquecen.

Marga repasa, con la tranquilidad de un ama de casa que pausadamente ceba mates en la cocina, la historia de sus hijos y la de los amigos que fueron convirtiéndose casi en hijos propios al resguardo de su hogar de ladrones consentidos. "Yo los tenía días metidos acá adentro por miedo a que los agarrara la policía". Ese compromiso con los pibes chorros que rodeaban a su hijo preso, y luego a su nieto, la convirtió también en blanco de las críticas de un sector de la villa: la ven como la jefa de un aguantadero que siempre se aprovechó de los beneficios de la mala vida.

En su casa los chicos no sólo encontraban resguardo, comida y un colchón para dormir, sino también alguien experto en sacar balas enquistadas, en curar heridas menores, en entablillar y poner vendas. Marga, como muchas madres de chicos ladrones, terminó aliándose a ellos, cansada de combatir contra los malos pasos de esos pibes desaforados, y harta de ver el maltrato policial que les esperaba cada vez que alguno perdía en su faena. Marga, como madre de un ladrón ya adulto, hermana de un chorro de grandes y viejas bandas, sobrina de un contrabandista de la década del sesenta, ha sido para la última generación, la de los nietos, un refugio que por lo menos Simón todavía elige como lugar en el mundo al salir del encierro después de más de dos años sin pisar la villa. Y su hijo Cachito, junto a sus compañeros, fueron el referente y el norte de los que recién comenzaban en el camino del delito. Así como el Frente Vital encontró en Mauro, amigo y compinche de Cachito, la enseñanza de los códigos de lealtad y comportamiento ya extintos, así su nieto Facundo, amigo del Frente, de Simón y otros pibes de la misma generación, se miró con embeleso en la figura tumbera de su tío.

"Los chicos los tenían como ejemplos. Para el Frente no había otro más respetado que Mauro. Y para Facundo el tío siempre fue un personaje admirado. Yo lo retaba y le decía que no tenía que tenerlo como un ejemplo. Es mi hijo, y a mí me duele, pero lo digo de corazón, yo nunca hubiera querido que fuera así. Trabajé toda mi vida por mis hijos, se puede ver en mis manos. Y me dolía que mi nieto lo tuviera como ídolo, porque es un ídolo malo. El primer tiempo el tío no quería saber nada. Después lo conquistó. Pero ahora le dice, le escribe: 'Vos tenés que reaccionar, vos tenés que ver que yo hace doce años que vivo preso, tenés que ponerte por delante, no quiero que te pase nada porque sos el sostén de tu abuela'. Se escriben de penal a penal, el tío no está nada conforme con la vida de él. Siempre me dice 'hablale, que cuando salga no caiga más'. Porque mi nieto es la primera vez que cae preso en una cárcel de adultos. Mi hijo lo dice porque lo ha vivido. Cayó hace un año y pico robando una 4 × 4, con las armas encima y la dueña de la camioneta todavía arriba. Había salido recién. Seis días estuvo en libertad, nada más. Salió y cayó. En estos años él recorrió todas las cárceles de la provincia: estuvo en Sierra Chica, en Batán, en Dolores. La única que le faltaba conocer era Campana, donde está ahora, por suerte con buena conducta, trabajando. Antes siempre era 'cachivache', que es donde está el montón, los que no hacen mérito para nada. Igual dice que nunca le gustó la ranchada, dice que eso lo hacía la gente mala para tener a los chicos al mando de ellos. Ahora donde está él nadie se los hace de maridos, contra eso pelea mi hijo. Él estuvo en el motín de Sierra Chica y ahí estaba el grupo de los malos que mataba gente y por otro lado, el grupo de él, que luchaba por los pibes de los patios y los refugiados en la iglesia".

Como si repitiera a pesar de todo el sino de su tío, Facundo también estuvo apenas un respiro en libertad.

Tras el motín que armó en el instituto en el que estaba encerrado cuando se enteró de la muerte del Frente, Facundo pasó medio año más en una granja de recuperación. Cuando salió la calle estaba endurecida y la esquina de su grupo casi vacía: los que no habían muerto estaban presos. Cumplió los dieciocho en su casa. "Y después de tres meses ya cayó otra vez. La calle fue cambiando, pero siempre un amigo se encuentra. A veces puede más un amigo que la familia", dice Marga, que rara vez puede visitarlo en la cárcel de Junín donde Facundo fue confinado por un robo a mano armada que podría tenerlo cuatro años más encerrado. Para colmo, no cree en dioses paganos, detesta la religión de su abuela y su madre, la traductora de la Africana. "Nunca quiso saber nada con esto. Se ríe. Se enoja".

Y así es que, después de los fracasos de las protecciones para los suyos, Marga, la *mai*, se dedica ahora a pedir por la salud de sus seguidores, a urdir embrujos de pasión que mantengan a un hombre o una mujer subyugados por su amante, aun cuando el otro esté tras los muros de una cárcel de máxima seguridad; se afana en sacrificar gallinas amarillas para que no se suelte de ese cuerpo empequeñecido en una cama de terapia intensiva el alma de Daniel. Marga pide por él y no deja de intentarlo. Y Daniel sigue allí dormido, dando esas señales nimias de vitalidad, convirtiéndose en un adolescente al que le crece la barba rala, preso de los complejos aparatos que lo sostienen aún en este mundo hecho de barro, ofrendas, sangre y ruegos.

—¿Cómo fue la ceremonia para pedir por Daniel?

—Pidiéndole al Eyú que le dé la vida a cambio de la matanza del animal. Esta vez lo hizo la Africana, porque es muy chico. Para nosotros, los umbanda, hasta los quince años son *crianças*. Los ladrones *crianças* no quisiéramos que existieran. Para mí ver a un chico de quince años robando es muy duro. Duele porque lo hacen inconscientemente. Los chicos quieren sentirse fuertes. ¿Qué noción tienen de que los van a matar?

Capítulo VIII

Tantas veces intenté que me recibiera Mauro que llegué a lo que yo mismo había decidido sería la última oportunidad lleno del pudor que provoca la insistencia rayana en el ruego o en la molesta intromisión. Pasado más de un año desde mi primer intento a través del llamado de Sabina Sotello, temía que una nueva aparición en su casa me significara la violencia o la sorna cruel que puede padecer el amante que se siente no correspondido. Sabía que Mauro tenía una contradicción mayúscula entre el recuerdo doloroso del amigo asesinado y la felicidad que podría causarle la reconstrucción de su propia historia. Pensaba en la vieja norma del oficio que indica que cuando una entrevista deja de ser una propuesta que el otro acepta o rechaza, y se transforma en una larga seducción y negociación, resulta evidente que en la mezquindad de esas palabras se esconden los secretos. En el caso de Mauro, yo pensaba que serían asuntos vinculados a su amigo Víctor Vital: llegué a sospechar que había algo relativo a la traición que podría socavar la leyenda que me había atado a ese territorio.

Fue a fines de septiembre. Daniel ya estaba internado y Simón comenzaba a salir del Almafuerte cada fin de semana cuando Mauro por fin me recibió en su casa. Lo buscaba desde temprano. Me había encontrado con la puerta cerrada, pero volví más tarde. A media siesta, me atendió Nadia, su mujer.

—Mauro está durmiendo. Venite en un rato, por ahí lo enganchás después de que se duche. Yo le digo que estuviste.

Cuando regresé Mauro salía del baño que cada día tomaba a la misma hora.

—Esperalo, tengo que hacerle las curaciones —me dijo Nadia.

Ella había estado en todo de acuerdo cada vez que intenté ver a su novio. Me había dado consejos sobre cómo convencerlo, cómo volver a intentarlo. Solía llamar por teléfono. Nadia jamás me trató como a un extranjero. No tardaría en descubrir que ella sería fundamental para comprender algunas de las verdades veladas a los foráneos.

Me quedé en la vereda tratando de no parecer tan desconocido a los ojos de los que pasaban. A esa altura, después de andar por allí con Manuel, con Chaías, con Tincho, algunos me saludaban: los *dealers*, o sus hijos, bajaban la cabeza con una sonrisa o levantaban el pulgar para darme por familiar en la villa. Había acompañado a los chicos varias veces a buscar insumos a esos ranchos prohibidos de transas. Pero me daba cierta desconfianza que me vieran en el rancho de Mauro. No sabía qué me esperaba en su relato. Mis cuentas eran: tranquilo, ya hablarán. Claro que, después de un año y medio, si algo había quedado fuera de los relatos voluntarios seguramente no se trataba de la beatitud del Frente o de sus novias celosas.

Nadia volvió a salir a mi encuentro.

—Cristian, dice el Mauro que pases.

Adelante, una cocina comedor con el televisor encendido pero en silencio. Una mesada improvisada. Una pequeña mesa. Tres sillas. Algunos regalos de cumpleaños acomodados como adornos, un oso de peluche, un par de fotos que no alcancé a ver bien. En la pieza, tras una puerta estrecha y de ángulos irregulares, Mauro reposaba sobre el lado izquierdo de la cama de dos plazas en *boxers* de algodón gris. Sólo le faltaban los brazos atrás de la cabeza. El corte de pelo muy años ochenta, con flequillo, desmechado, pero no corto. Nadia se sentó a su lado. Con una fuente llena de desinfectante en una mano y la gasa en la otra, ella volvió a concentrarse, como cada día a la misma hora, en continuar la dirección de esa cicatriz enorme, desde el ombligo hasta la baja pelvis. Se suponía que yo debía ir directo a la entrevista, que la única asepsia posible de la escena era que sacara mi libreta de anotaciones y allí parado ante la piedad de la villa me pusiera a preguntar. Sin siquiera poder medir el ritmo del encuentro, apelando a lo más burdo del oficio, comencé.

—¿Por qué te tenés que curar así?

—Es una operación de peritonitis. Estas dos marcas de acá al costado son tiros, en realidad un solo tiro, que entró por acá y salió por acá. En el medio me atravesó el hígado, me perforó. Pero el médico me dijo que el hígado se arma de nuevo, que es como una gelatina. A principios de diciembre me cortaron el intestino.

Mauro había sido el rubio lindo de la villa, un guacho que conquistó a Nadia con mensajes de amor después de haberla visto durante una visita en Olmos en la que ella fue a ver a su hermano Toti, asesinado por la policía dos años después. Cuando Mauro dejó la cárcel la persiguió con paciencia: finalmente ella se enamoró. Buscaban un hijo cuando él la infectó de HIV, aunque él jura que no sabía que era portador cuando se conocieron. Casi al final, Nadia me confesaría que ella jamás le creyó. Su visión de la historia era muy distinta: según sus deducciones, Mauro la "arruinó". En la villa, el concepto de lo ruin, el adjetivo "arruinado" y el verbo "arruinar" sirven para varios fines. Si algún adulto inició en el consumo de droga o en el robo a algún chico, lo arruinó. La que vende pastillas a los más chicos los arruina. El que les recorta la escopeta también los arruina. La mujer que tiene relaciones sin protegerse sabiendo que porta el virus es una arruinadora. Quien transmite a otro el virus arruina. Mauro, entonces, para Nadia, fue quien le arruinó la vida.

Mauro salió de la cárcel el 24 de diciembre de 1996. Desde entonces no volvió a caer preso: se mantiene al margen de la vida que supo llevar durante unos veinte años, casi el mismo tiempo que perteneció a la murga Los Cometas de San Fernando. Fue uno de los que inauguró en la villa el consumo de pastillas, el furor de las Rohipnol, que le dejaron tantas secuelas como las marcas que me señala en el cuerpo. "Yo me acuerdo que cuando me dieron el tiro en 1987, en la época en que fue el furor de las 'ropi', fue cualquiera". Él volvía de una pelea con los de Infico, un barrio de monoblocks que queda a pocas cuadras de la villa. Lo acompañaba un amigo. "Escuché un par de tiros. No les di ni pelota. Sentí como que me empujaron y me di contra un palo de luz. Me abracé al poste y me empecé a desvanecer". Terminó derrumbándose. Recién en el piso supo que se la habían dado y creyó, en ese segundo de última lucidez que precede al desmayo, que se moría. Fue un disparo traicionero, como hay cientos y miles si se multiplica el mal ejemplo de dar por atrás: un tiro por la espalda que hizo un zigzag en su interior. Nunca se enteró quién fue el tirador.

Pasó poco tiempo después de la recuperación del hígado y cayó preso. Le pasó por fin como a la mayoría de los pibes de su generación, incluido su viejo amigo Cachito. Por los contactos con otros detenidos que venían de San Fernando, en la cárcel Olmos hizo ranchada con algunos hombres cercanos a lo que se conoció como la banda de Luis Valor, gente de bancos y camiones de caudales. Uno de esos compañeros se convirtió en su mejor amigo durante el interminable confinamiento en la cárcel más hacinada de la provincia después del infierno de Sierra Chica. Esa amistad se selló de la única manera en que lo hacen las lealtades nacidas sin el uso de la faca carcelaria al interior de un penal: cuando el otro entrega una prueba de humanidad que supera las circunstancias de sujeción permanente por las que se atraviesa. Después de una fiesta tumbera, borracho y con el equilibrio roto por "el pajarito" —esa bebida carcelaria que se prepara haciendo fermentar la tinta destilada de los diarios—, Mauro se cortó el tendón de Aquiles cuando se duchaba en los baños, en el fondo del pabellón. Su amigo lo asistió, lo tomó en los brazos, pidió que lo llevaran a enfermería. Luego él mismo se ocupó de las curaciones y, con la fuerza de sus bíceps trabajados en una barra del pabellón, fue llevándolo en andas de acá para allá durante las semanas en que Mauro no pudo caminar. Fue el único que tras la condena cumplió con su palabra: "Cuando vos salgas, aguantame, que te voy a buscar", le dijo a Mauro para terminar de demostrarle su devoción.

Apareció por la villa preguntando por él una tarde. Venía a ofrecerle un asalto de alto precio que les daría respiro económico instantáneo. Mauro había pasado en Olmos seis años y cuatro meses, lo que llevó cumplir con una condena por robo calificado. "No estoy arrepentido, pero si querés ser bueno hay que pensar en el mañana, hay que robar para dejar de robar —reconsidera Mauro hoy—. Tu familia tiene que ir y venir del penal, tu familia te sigue. Yo le decía a los pibes que tenés que dejar algo de dinero afuera para poder patalear cuando estás adentro, para que puedan contratar abogados, comprarte lo que necesitás. Si no dejás nada, no podés exigir. Yo dejé diez pesos y fui un tarado por eso y por varias cosas más".

El planteo de Mauro es de las épocas en que por los pasillos de Olmos, y por los pabellones de las cárceles del país, cuando un nuevo preso era apadrinado por un "poronga", salía a caminar de ida y de vuelta por el pasillo, conversando bajo, del brazo de su protector. Fueron los últimos tiempos de las grandes bandas, los mismos en que la corporación mafiosa de la Bonaerense se fortaleció hasta ocupar el universo del delito en la provincia, convirtiendo cada rincón, cada minúsculo movimiento ilegal en una oportunidad para cobrar.

En ese entonces, durante los años ochenta y la mitad de la década del noventa, en las cárceles había hasta espacio para caminar por entre las camas. En Olmos, donde antes dormían veinte, hoy se hacinan setenta. Allí donde se paseaban los capos entrados en canas, hoy reinan los más atrevidos entre los jóvenes: el promedio de edad de los más de tres mil ochocientos internos es de veinte años.

—¿Qué aprendiste en la cárcel?

—Lo que aprendí en la cárcel es que el delincuente tiene que tener una personalidad, chorro o drogadicto. Hay que cuidar el barrio, hay que andar bien con la gente, para que te abran la puerta si te viene a apretar la policía. Pero si estás bardeando en el barrio, te van a cerrar la puerta en la cara. Eso les explicaba a Víctor y a los pibes de su edad. Porque yo veía lo que hacían, cómo se drogaban, por eso les contaba todo lo que me había pasado a mí, el golpe que me tuve que dar yo para después poder sobrevivir. Eso lo aprendí adentro por la gente más grande.

Mauro hablaba desde la cama. Su mujer, después de cinco años de convivencia tempestuosa, y de continuos flirteos con algunas de las nuevas chicas del barrio, aún lo respetaba y lo quería. Allí estaba en silencio, acercándole un mate entre curación y curación.

—¿Cómo se sobrevive tan lejos de la calle?

—No te das cuenta de nada. Allá vos vivís otra cosa, vivís de fantasías. Todo el tiempo quedás en encontrarte con otros afuera. Vivís de ilusiones. Aparte, estás con canas que no tienen armas. En la calle tienen armas de verdad y te tiran. Y todo eso no lo ves allá, es como vivir en una película en la que los tiros no se escuchan. Lo que se escucha en el penal son los golpes, pero los tiros es como si te los olvidaras por un tiempo o como si te los acordaras para alucinar cómo vas a robar vos, no cómo afuera apenas salgas te la van a dar porque finalmente no sos nadie. Fijate hoy por hoy todos los operativos que hay, toda la seguridad que fueron poniendo en las calles, todo lo que hace que ya sea muy pero muy difícil robar como hacíamos antes, aunque se maten hablando de la inseguridad. La inseguridad también afecta a los ladrones. Por eso, para entender un poco lo que pasa afuera, es que cuando estaba adentro leía mucho las revistas, veía la tele. Para que te des una idea, cuando yo caí se usaba el Austral, cuando salí ya había pesos. Nadia me enseñó a andar en colectivo porque no sabía usar la maquinita de las monedas.

Cuando Mauro salió de la cárcel caminaba por las calles del barrio y por los pasillos de la villa sin saber si la gente de siempre lo saludaba por temor o por quedar bien con un ladrón respetado que recién ganaba la libertad. Eso le dolía, dice. Él, que había intentado, dentro del desvarío de las drogas que a veces no podía controlar, ser un hombre probo y cuidadoso con los vecinos ajenos al delito, se enfrentaba al prejuicio sordo de los demás. "La gente es mala porque te juzga por el pasado", se lamenta Mauro, como si esa carga fuera peor que la propia condena que lo mantuvo encerrado. "Yo tuve la suerte de que me rescaté", agradece. Y si lo piensa un poco, concluye que fue por su madre, cuando ella se enfermó. Recién entonces sintió que el tiempo pasaba y no en vano; de pronto la muerte se presentaba ante él con su sombría y trágica verdad. Eso lo llevó a tratar de enseñarles a los nuevos pibes como el Frente que aun ante el éxito que los mareaba después de un buen golpe, ante una sucesión de éxitos que los llevara a vivir como campeones de boxeo recién consagrados o ante el peor de los fracasos, por nada del mundo se olvidaran de sus madres: en la cultura tumbera, antes que Dios está la madre. Casi no hay preso en las cárceles que no lleve la bendita palabra MADRE grabada siempre en letra imprenta sobre los cuerpos. "A mí me pasó que no la aproveché. Al final, cuando la quise tener, la perdí. Mi vieja era re compañera y yo no la llegué a entender. Me puse las pilas tarde y cuando me quise acordar se me fue del corazón".

La culpa de no haber sabido parar a tiempo para llevarle tranquilidad a la mujer que lo crió, contra todas las tormentas de esa vida de pobreza y de su padre golpeador, lo persigue hasta hoy. Poco antes del fin, la recuerda apagada, preocupada por no sabía bien qué. Uno de sus hermanos se lo aclaró: "Mamá está así porque se atrasó en los créditos". Él la creía con las cuentas al día, porque ella jamás confesó la necesidad: el poco dinero que ingresaba se le iba en ayudar a alguno de sus nueve hijos en problemas. Consiguió ese mismo día un robo que le dejó lo suficiente: ochocientos pesos en billetes de poco valor. Cuando se los entregó, ella lo miró complaciente y feliz, pero le dijo: "No, m'hijo, acomodate los huesos vos". Él no la dejó seguir. "No, mami, déjeselos". Eran ochocientos pesos ganados con la adrenalina de un revólver en la mano. Por provenir de un negocio minorista y ser billetes en sencillo, a su mamá le costó guardar en el bolsillo el fajo de dinero de su Maurito. Casi no alcanzó a gastarlos pagando las deudas: murió a los pocos días del regalo.

Apenas había vuelto al barrio cuando conoció a Víctor Manuel el Frente Vital. Lo había visto pasar, altivo y soberbio en su moto reluciente, la XR100 que le había regalado Sabina. Estaba con uno de los pibes del grupo, charlando mientras fumaban un porro, y lo vio cruzar la calle en la XR, hecho un buen proyecto de hampón.

—¿Y ese pibito quién es? —le preguntó al que lo acompañaba.

—¿Viste qué grande que está? Es el hermano del Pato, el Víctor, le dicen el Frente.

El chico silbó con el índice y el pulgar metidos en la boca. Víctor frenó la moto respondiéndole con el chirriar de las ruedas resbalando, y giró en U hasta quedar a distancia suficiente como para estirar la mano y saludar.

—Te presento un amigo, él es Maurito.

—Hola, cómo le va, yo soy Víctor —le dijo el Frente con el debido respeto; tratándolo de "usted" hasta que le dieran autorización para lo contrario.

Poco tiempo después, Víctor volvió a ir preso. "¿Por qué cayó? Siempre por lo mismo". Ni Sabina ni Mauro recuerdan exactamente cuál fue el asalto que lo llevó al instituto de máxima seguridad de Mercedes, el mismo lugar donde se hacían señas tumberas de un patio al otro con Manuel, y el mismo al que lo fue a visitar clandestinamente María, la novia más enamorada. Sabina sí recuerda muy bien que fue ella misma la que hizo presión en el juzgado de menores de San Isidro para que esa vez su hijo ya no pudiera volver a escaparse del instituto. "Es que yo, estúpida, lo que quería como toda madre era que mi hijo se curase, que lo mejoraran, que le pasara ese berretín por la droga y por el delito. Después aprendí que adentro los maltrataban, los hacían resentir y los tenían amontonados como animales, sin nada que hacer, con un psicólogo para ciento cincuenta pibes, aprendiendo a ser peores". Víctor pasó dos semanas encerrado y comenzó a pedirle a su madre que fuera a verlo acompañada de Mauro. Le mintieron al juez y al instituto: dijeron que Mauro era un primo que venía a verlo desde Entre Ríos. Dio la casualidad de que el profesional que le hizo el psicodiagnóstico a Mauro era de Gualeguaychú, imaginario lugar de origen del amigo de Víctor Vital. Hablando sobre comparsas y recuerdos de carnaval se hicieron amigos. Mauro entró a verlo y pudo convertirse también en el protector del Frente tras los muros de Mercedes.

Lo aconsejó transmitiéndole la experiencia que contra su voluntad había tenido que hacer. "Le tuve que explicar al Víctor que si quería volver a la calle, si el psicólogo le decía 'acostate a las ocho y lavate los dientes', tenía que hacer todo lo que le decía el chabón. Hablale, contale que extrañás a tu familia, hacele dibujos, pedile libros que vos querés leer, pedile revistas, todo eso, para que vean que tu voluntad es salir". Víctor no necesitó dos explicaciones. No tardó en interesarse en la realidad exterior a esos muros, en seducir a la psicóloga encargada de diagnosticar sus condiciones para lograr una reconversión que lo alejara del delito y la violencia, y en convencer hasta al cura del instituto de que era un cristiano recuperado.

Sabina misma no lograba entender cómo ese incorregible, al que tantas veces había intentado convencer de tomar el santo sacramento, de pronto tomaba la decisión de acercarse así a la religión. "Estos comen santos y cagan diablos", solía decirle su madre a él y a los de su grupo cuando comentaban sus creencias. El cura del lugar también cayó en las redes negociadoras de Víctor. Entre las actividades con los chicos presos, el sacerdote coordinaba un grupo de teatro en el que una de las actuaciones más festejadas era la imitación que el Frente hacía del propio maestro de sotana.

A pesar de la decena de robos que se le imputaban terminó por conseguir un comparendo en el juzgado de menores de San Isidro que tenía su destino en las manos. "La envolvió a la psicóloga como a un niño envuelto y al final le dieron la libertad. Después por eso quedó una vena espantosa con los más jodidos del instituto porque decían que había preferencia por Vital", recuerda Sabina. Lo dejaron irse, pero, por consejo de los mismos psicólogos, le prohibieron despedirse de sus compañeros: consideraron que sería negativo para los demás verlo salir en libertad. Ellos, desde adentro, cuando supieron que se lo llevaban, intentaron un motín pidiendo que les permitieran una despedida. Sabina recuerda con precisión esa etapa: fue la última vez que Víctor estuvo preso, y el más largo de sus encierros.

—¿Tenía algo que lo diferenciaba del resto de los pibes? —le pregunto a Mauro.

—Sí, era único él. El pibito iba y traía plata, y vivían todos felices ahí en la villa, y todos eran compañeros, pero nadie hacía nada con él en realidad. Dos o tres pibitos habrán andado vagueando con él, pero no más.

Mauro intenta despejar el mito del Frente de allegados y advenedizos, de fanfarrones que pretenden haber sido sus laderos para nutrirse de su fama y su valor. Ni siquiera él mismo salió a robar con el Frente. La única vez que lo iban a hacer juntos fue para asaltar un lugar en Pacheco del que tenían buenos datos. Era un domingo entre las siete y media y las ocho, cuando entraban los empleados a trabajar. No podían retrasarse. Iban a buscar la recaudación del fin de semana y era cuestión de entrar, encañonar, levantar el dinero y salir lo más rápido posible para no cruzarse con la policía, que tenía la seccional cerca. "Vamos en la moto, lo hacemos y fue. Es buena plata. Dale", le dijo. "Sí, todo bien", aceptó el Frente. Cuando llegó a Pintos y French, Mauro no se olvida más, Víctor estaba con tres amigos, uno de ellos Manuel, y todavía festejaban a las risotadas la noche de cumbia que acababan de terminar. Lo llamó aparte y le preguntó: "¿No te acordás?". "Uy, me colgué, recién vengo del baile, no puedo salir así". En aquella época no estar lo suficientemente lúcido, por lo menos como para salir a "trabajar" con un chorro de ley como Mauro, era motivo para desistir. Mauro ni siquiera se quejó. Fue a buscar a otro compinche, y se largó hacia Pacheco para cumplir con el plan. Fue fácil, recuerda. Hizo cuatro mil quinientos pesos de los de la convertibilidad. En el barrio, antes de refugiarse en el rancho pasó por lo del Frente a florearle el botín: "¿Viste, boludo? Era una boludez lo que tenías que hacer". "Yo siempre lo cagaba a pedos", recuerda, tirado en la cama de dos plazas, con la herida del vientre ya curada por las suaves y entrenadas manos de Nadia.

Pacheco, en el partido de Tigre, que en dirección norte le sigue a San Fernando, fue uno de los sitios donde más desplegaron su pericia para robar los pibes como el Frente Vital. Mauro recuerda la noche en que Víctor partió junto a otros dos chicos en un auto con un local ya entre cejas dispuestos a vaciarlo y escapar. Pero aquel día ni siquiera pudieron acercarse. Iban lento, por las dudas, cuando un coche de vigilancia particular los detectó y se les puso atrás como un perro que encontró la presa para perseguir. "Se ve que tenía radio, porque cuando se quisieron acordar los embocaron del otro lado y ahí empezó el tiroteo". Saltaron del coche y corrieron los tres a refugiarse en algún rancho de la villa a la que alcanzaron a llegar. La mala suerte y el alma buchona de los vecinos los jaqueó. El Ale, un pibe ancho y fuerte con el que Víctor había estado preso, quedó con el torso dispuesto a las balas policiales al tratar de llegar al final de un pasillo con el impulso de la carrera, y cayó. Víctor disparó desde un cerco. Logró retener la avanzada policial con la ráfaga que soltó. Así, cuentan los testigos, llegó hasta su amigo, ya desangrándose en el barro, inmóvil, mudo. Lo alzó como se alza una doncella en un cuento medieval. "Lo sostenía con los dos brazos y por abajo del cuerpo del Ale no dejaba de tirar", me habían contado varios de los amigos del Frente en lo que siempre me había parecido una escena mítica que debía ratificar. "Eso dijo después la gente que los vio. Ellos trataron de escapar en el auto, pero el que manejaba se abatató y chocó. Se tiraron del auto. Víctor corrió, el Ale también, al escapar escuchó el grito. Cuando se dio vuelta el Ale estaba en el piso. Él se puso a tirar como loco para que no lo pudieran agarrar. Dicen que alcanzó a levantarlo y así les disparaba igual. Pero después me contó que el Ale ya estaba muerto cuando lo agarró".

Ese día Mauro andaba en la moto que se había comprado con los robos que hizo apenas salió en libertad. Se cruzó en el camino con un pibe que lo frenó:

—¿No sabés nada de los pibes?

—No. Me parece que están apretados en Los Troncos —le dijo, y Mauro no lo dejó seguir.

Así como andaba, semidesnudo por el calor, salió para Pacheco armado para rescatarlo, temiendo que esta vez la amenaza ya pública de la policía de la zona norte se cumpliera. "Me metí y no podía entrar a la villa porque estaba toda la cana. Entonces entré a preguntar y nadie conocía a nadie, hablé con una banda de ahí y les dije que era amigo de los pibes, que no se persiguieran". "Mataron a dos y los otros están todos presos", le confiaron. Mauro no sabía qué hacer. Sospechaba que todavía quedaba uno de los de la banda escondido en la villa. Aceleró la moto y regresó a San Fernando para buscar los fierros y a algún pibe que lo ayudara a entrar en los pasillos a rastrear. "Entramos a golpear, a hablar, salieron unos guachos y nos llamaron". El pibito que quedaba estaba en un rancho zafando, pero no podía salir. Entonces bajó de la moto al que lo acompañaba, le dejó plata para un *remise* y disfrazó como pudo al único que se había salvado en la persecución. "Le di la visera y los anteojos y lo saqué. Al Frente ya lo habían agarrado".

Aquellas gestas de salvación, esas aventuras en las que había quien saliera sin pensar en búsqueda del amigo en peligro de muerte, resultan ahora en la villa anécdotas difíciles de volver a escuchar. La solidaridad con los ladrones quedó sepultada con la casi desaparición de los dedicados a robar fuera de los límites del propio territorio y la aparición de los nuevos pibes chorros dedicados a saquear a los vecinos, sin distinguir en las víctimas ni nombre, ni sexo, ni edad. De alguna manera, lo tuve que entender por fin durante septiembre, a unos seis meses del día en el que Brian saltaba como una langosta enloquecida gritando que lo mataran, y los Sapitos, para defenderlo de la furia vecinal, disparaban a quemarropa contra Guillermo, dándole aquel tiro que milagrosamente se frenó a milímetros de donde lo hubiera eliminado o dejado en estado vegetativo.

Como en tantas otras ocasiones, Sabina Sotello me informó por teléfono sobre la novedad. Esta vez no era un falso enfrentamiento con la Bonaerense y su escuadrón de la muerte de Don Torcuato, ni las torturas de las comisarías, ni una mujer atravesada por el disparo idiota de un policía entusiasmado por la acción. Esta vez era por un caído en la propia villa San Francisco, casi en el mismo pasillo donde lo mataron al Frente Vital. "Lo mataron a uno de los Sapitos", me contó. Le habían volado la cabeza al más grande de los hermanos, el de diecinueve años, como para terminar en seco con un fin de semana parecido al que seis meses atrás había concluido con Brian desafiando a veinte hombres que querían eliminarlo por haber robado sin compasión a niños y viejos. Habían matado a uno de los Sapitos, al Sapo más grande, al mismo Sapito que se suponía le había dado el tiro a Guillermo, o a Rodolfo; el mismo Sapito que había traicionado a Brian dejándolo solo a la hora de declarar ante el juez de menores. Una de las pocas certezas que tenía una banda cuando los códigos aún se respetaban era que sus compañeros no se acostarían jamás con su mujer y que al declarar lo protegerían aun si para quebrarlos llegaban a la peor tortura, la de la bolsa y la picana.

Desde el tiroteo, Brian estaba en un instituto de máxima seguridad de la capital. Los Sapitos habían quedado en el mismo reducido espacio del pasillo de la San Francisco donde se habían refugiado seis meses atrás. Suele ser mínimo el territorio que les queda a los parias, los ratas que no pueden caminar por la villa saludando a cada uno que pasa porque su exclusión ha llegado al punto en que viven encerrados en unos pocos metros cuadrados, reducidos a un gueto por la mirada de los demás. Hacía días que los Sapitos se habían entregado a las pastillas y el vino robándole a los que pasaban por las calles que rodean la vieja villa San Francisco. Usaban uno de los más rudimentarios modos de robar: esconderse tras un pasillo esperando a que un auto avanzara por la calle para cruzarse con las armas en la mano y sacarle al chofer lo poco que llevara en el bolsillo, nunca más de veinte pesos, que ansiaban como la fortuna que les permitiría seguir.

Ante el despliegue de esa violencia precaria, puede que los vecinos reaccionen, como ocurrió con Brian, casi espontáneamente ante una última agresión intolerable, cuando el chico intentó matar a alguien vaciándole un cargador. Puede también que la reacción provenga de quien tiene no sólo las armas, sino también la suficiente impunidad como para responder ante un enemigo considerado execrable. Y en el caso de los Sapitos, en el tiempo que medió entre la caída de Brian y ese fin de semana, los chicos de la bandita fueron avanzando hacia zonas intocables. No conformes con intentar robarle a don Genaro, un vecino que vive en la cuadra del Frente Vital, también se habían metido en algunos ranchos cercanos. Entre ellos, habían vaciado el de los familiares de un transa de la villa 25 de Mayo; un grave error. Sobre todo teniendo en cuenta que después del robo el *dealer* les envió un mensaje para que se arrepintieran devolviendo el televisor y las pocas cosas que se habían llevado, y ellos no quisieron o no pudieron escuchar. Como única respuesta, el sábado uno le rompió la cabeza de un cañazo al negociador. Al amanecer del domingo ya estaban condenados. El transa ordenó a uno de sus laderos, un sobrino, que la venganza fuera fatal.

Para colmo los Sapitos llegaron al domingo tan envalentonados que ni siquiera atinaron a quedarse refugiados en el pasillo o en los pocos ranchos amigos de la villa. El encargado de ejecutarlos y varios comedidos los tenían vigilados: era sólo cuestión de esperar a que se mostraran al alcance del tirador. Atardecía cuando el Sapo ocupó la esquina haciéndose ver. El auto del transa pasó casi en punto muerto por el borde de la villa. Y dobló para regresar. Marga, la *mai*, estaba en el patio de su casa, en el otro extremo del descampado, cuando vio al coche blanco avanzar por la calle Quirno Costa. Sobre la vereda de los monoblocks se paró en seco y de la ventanilla salieron los fogonazos, vistosos en el comienzo de la oscuridad de la noche, como cohetes de Navidad. "Vamos a chusmear", les dijo a los suyos y salió. "Al Sapito le habían baleado la cabeza. El auto dio vuelta en dos ruedas, de allá tiraban para acá".

"Es cierto, los Sapitos estaban atrevidos, le habían pegado a un nenito de la 25, lo quisieron asaltar a don Juan. Pero yo digo: se hubiera bajado del auto para matarlo, y no hacerlo al estilo vigilante, desde el coche, como un cobani cagón".

Mauro llegaba en ese mismo momento a la agencia de *remises* donde trabaja desde que se rescató. Tenía asignado un viaje desde la iglesia evangelista de la calle French. Para allá salió. Cuando se asomó al campito que da a la villa, vio el amontonamiento de gente y escuchó los gritos de desesperación. En la esquina, sobre el pasto que hay frente a los monoblocks, estaba tirado el Sapo. En pocos minutos una multitud había rodeado al herido. Su hermano y una amiga pedían a gritos que Mauro parara el coche para auxiliarlo.

—¡Súbanlo, loco! ¡Delen! ¡Súbanlo! —pidió Mauro ante la parálisis de los que sólo atinaban a gritarle que los ayudara.

Entre el Sapito y la chica lo levantaron soportando el peso del cuerpo abatido, tambaleando, hasta que lograron meterlo en el asiento trasero del *remise*. Mauro todavía no puede olvidar esa imagen: el pibe con la cara bañada en sangre, y ese líquido pastoso supurando en el lugar de la cabeza donde el sicario enviado por el puntero había ensartado el plomo de la venganza. "Salimos con el coche, escarbando. Yo iba a *full*, y ellos, el hermano y la mujer, no paraban de gritar". Fue un tiempo infinitesimal, pero la escena se extiende para Mauro como la pesadilla que se recuerda brumosa al despertar en medio de la noche. Apretó el acelerador con la certeza de que el chico agonizante a sus espaldas era obviamente una misión imposible y cuando se alejaba, a través del reflejo de un vidrio creyó ver la cara del moribundo parado entre los vivos afuera del coche, pidiendo por su salvación. Era el Sapito, el hermano del Sapo, tan parecidos entre sí, que por un segundo Mauro los confundió. "Pero me di vuelta apenas y lo vi con la cabeza hecha mierda, así que aceleré, sin pensar más en nada". Cuando llegaron al hospital de San Fernando, el Sapo ya había muerto.

—¿Usted qué piensa de esa muerte? —le pregunté a la *mai* cuando me contó lo de aquel domingo.

—Lo único que sé es que al que lo mató no lo quiero. Yo te digo: si andan robando yo los cobijo. Pero si andan vendiendo drogas no los quiero.

—¿Cuál es la diferencia entre unos y otros?

—Es fácil. Si el transa no vendiera drogas, los chicos no se drogan y no roban. Porque el chico que tiene la mente limpia ocupa la mente en otras cosas y ocupa las manos y no roba. Pero como el transa lo envenena, el chico se enloquece, roba y hace daño. No vas a escuchar a la madre de ningún ladrón que quiera a un transa. Mi hijo era buenísimo, y cuando empezó a drogarse, ahí cayó.

Capítulo IX

Nadia fue y vino demasiadas veces de esas dos piezas que comparte con Mauro desde hace seis años. Demasiadas veces sintió el impulso de retirarse hacia la casa de su madre, de abandonar al hombre del que se enamoró a los veinte, y al que luego supo odiar con la repugnancia que sólo el resentimiento puede producir en la boca del estómago, cuando una traición resulta imperdonable. Pero es extraño: aun convencida del asco que el dolor le produjo, no deja de vivir con él, en el mismo sitio en el que ha cultivado la ambivalencia. Sin dejar de quererlo, ni de celarlo cada vez que el hombre se ve enredado con una de las mujeres fatales de la villa, de esas que tienen a sus maridos presos y coquetean a riesgo de causar un crimen pasional con sus amoríos furtivos.

"Para mí es muy difícil que algún día esto se llegue a reparar", dice sentada en una pequeña silla. Su casa, dos cuartos y una especie de quiosco que de vez en cuando atiende, está en la cuadra asfaltada de la villa 25, en el camino que Víctor Vital hizo el día de su muerte al escapar de la policía que terminaría fusilándolo: sigue convencida de que el Frente habría salvado su vida si le hubiera pedido refugio a ella esa mañana. El rostro de Nadia muestra la muesca del tiempo y de un derrotero que apenas se hinca en la vida compartida con Mauro, en el virus que dice le transmitió a sabiendas, para extenderse en la muerte de uno de sus nueve hermanos, en el encarcelamiento de otros dos, en la desintegración y el derrumbe de la familia que fueron cuando los vientos soplaron mejores y sus padres pudieron hasta soñar con pertenecer a la clase media.

Los cambios funestos comenzaron con la debacle económica. La pérdida del confort, de la posición social y de la esperanza del progreso suele ser el comienzo de un torrente de quebrantos que puede llegar a la muerte. Nadia tenía siete años cuando ocurrió: con nueve hijos, sus padres vivían de las rentas que un departamento pequeño y un chalet de barrio les daban en San Fernando. Era una casa con espacio suficiente para todos; tenía patio, jardín, lavadero y comedor diario. Pero una amistad ciega lo llevó a su padre a firmar como garantía del negocio de un amigo. Y más tarde invirtió lo que había ahorrado en un negocio de piletas de fibra de vidrio. El comercio resultó una quimera que pronto se deshizo ante la presión de los acreedores y la llegada de la hiperinflación. De calles de cemento y veredas baldeadas cada mañana pasaron a un rancho en la villa San Francisco de Asís. A pesar de la potestad del santo católico de los pobres, jamás volvieron a salir de esa condición, y ella y sus hermanos fueron convirtiéndose en niños proletarios, con todo lo que esa condición implica. Quizás sea ese desclasamiento el que lleva a Nadia a tener esta visión brutal y descarnada de lo que ha ocurrido con ella y con los suyos durante los últimos años. Quizás cuando Nadia habla de reparar, usando esa palabra tan cara al discurso de los afectados por la represión política, esté en el punto más alto de su reclamo político, el mismo que la vuelve al final de esta historia la más cercana a la verdad.

—No entiendo qué querés decir cuando hablás de reparar.

—Reparar significa muchas cosas. Primero que a Mauro no le voy a perdonar nunca que me haya contagiado el virus. Él siempre dijo que no estaba infectado antes de conocerme a mí. Y eso era mentira. Trato de no darle importancia, pero le doy. Y no me lo vino a contar la vecina que es lengua larga, me lo dijo el médico: catorce años hacía que era portador cuando me arruinó a mí. Y entonces, en ese momento, yo creo que nació ese odio que nunca sentí por nadie tanto como por él.

La recuerdo cuando curaba la herida aún abierta en el vientre por una operación de peritonitis, esa especie de pasión villera por el cuerpo ultrajado de su hombre. La recuerdo así y sus imprecaciones se dulcifican. "Es que él ya es así, él es mujeriego y cerrado, él es así, él es así", reitera en un mantra de resignación amorosa. El comienzo de esa relación está signado por el clima tumbero en el que se conocieron. Ella, una chica menuda y bonita que visitaba con lealtad y dedicación a su hermano de dieciocho años preso por un robo en Olmos. Mauro pasaba uno de los últimos años de cárcel en el penal, dueño de una serie de prerrogativas carcelarias y de cierto respeto entre el resto de la "población". Por ser vecino del mismo barrio y hermano de una morocha tan deseada, protegió a Toti, el hermano de Nadia, de la condena suplementaria que significa ser un paria en el encierro. El chico tenía un destino incierto cuando se cruzó con Mauro en Olmos. Estaban a punto de trasladarlo con los evangélicos de la planta baja, los hermanitos, como suele llamárselos; iba a entrar en la religión, para encontrar refugio. Mauro lo rescató y le dio un espacio a su lado. Partieron entonces con un agradecimiento debido: Toti fue el primer emisario que usó Mauro para llegar a Nadia durante las visitas en la cárcel. "Me dijo un tal Maurito que le escribas", recomendó.

173

Mauro la había visto durante la visita porque tenía el privilegio de trabajar en el más preciado momento de la semana, cuando ingresan los seres queridos y los objetos deseados. Ella, con una hija de cuatro meses de un hombre que nunca volvió a ver, le escribió no una, sino dos cartas que todavía recuerda. No decían nada demasiado impresionante y le confesaba que era madre soltera. Pero nunca recibió respuesta. Él todavía jura que no llegaron a sus manos. Mauro se niega a contarle sobre su vida en el penal. Lo que sabe lo conoce por otros, sobre todo por Toti. Él le contó que Mauro ayudaba a los pibes del barrio, que no era cualquier interno. "Más allá de que seas un chorro de banco, si vos sos un pelotudo te van a recagar a palos igual, vas a ser mulo de todos. Ellos estaban bien, pero no sé en qué sentido, ellos tenían laburo, iban al colegio, tenían gimnasio, las tenían todas. Creo que estaban bien por el tema de que siempre que agarraban un paredón se querían fugar". Mauro me confesaría casi al final de este recorrido que cada vez que pudo intentó salir del sistema penitenciario por la fuerza, con varias estrategias. En la cárcel de Azul fue uno de los que protagonizó el motín en el que tuvo que mediar el secretario de Justicia. "Apretamos colegio —me contó, para describir que fue amenazando a los docentes en una de las aulas que comenzaron con el intento de fuga—. Cuando nos faltaba una reja tomamos dos rehenes, pero no alcanzó. Al final estuvimos como tres días hasta que nos trasladaron".

Cuando Mauro salió a la calle para la Navidad de 1996, Nadia estaba de novia con otro hacía ya un tiempo y no vivía en San Fernando con la familia sino en Virreyes. Claro que comenzó a mirarlo de reojo cada vez que visitaba a sus padres. Nadia caminaba derecho, pero no podía dejar de ver la melena rubia de Mauro, desde donde llegaba siempre un piropo, una frase de elogio a su belleza, siempre al borde de la injuria. "Yo sabía que él era re mujeriego y todo, y un año le disparé, le esquivé y le esquivé. Me iba a buscar a los bailes, me invitó al cumpleaños, estuve dos minutos y me fui. Yo sentía que me gustaba, pero en el fondo sabía que él era un problema. Le disparé un año a Mauro, yo. Un día pasé con mi hermana y él le dijo a mi sobrina que le mande un beso a la tía. Y ahí fue como que no sé... Me despertó algo, digamos, lo empecé a ver como Maurito".

Cuando comenzó a aceptar las invitaciones del cortejante, Nadia ponía límites claros para no dejarlo avanzar en una pelea que suele ser la de la pérdida de un honor irrecuperable entre las mujeres de la villa y sus hombres. Para ella no hay escena más dignificante que la vez que se negó a entrar a ese hotel alojamiento.

Él la llevó hasta la puerta del Astor y le dijo:

—Bueno, vamos a entrar a mirar la tele.

Y ella:

—¡No!

A él la negativa le cayó mal. Puso cara de recio y quiso hacerla sentir culpable de su enojo.

—¡Andate a la mierda! —lo cortó Nadia.

Lo explica así: "Es que si no, yo pasé la puerta y perdí todo mi derecho. Porque es verdad, la mujer es la que decide, porque el tipo puede ser degenerado, pero si la mujer se le abre de gambas el tipo va a avanzar. Como lo mandé al carajo, después me empezó a visitar en mi casa, una y otra vez. Y si yo venía a verlo, eran las cuatro de la mañana y él tenía que acompañarme, se quería matar. Hasta que un día me quedé, me quedé y me quedé. Creo que al mes me di cuenta de que estaba hasta las manos".

Nadia pasó un tiempo enamorada y convencida de que lo mejor era buscar un hijo de Mauro. Por un acuerdo mutuo dejaron de cuidarse, pero sin resultados. Entonces intentó iniciar un tratamiento para quedar embarazada.

Por eso le hicieron un test de HIV que en febrero de 1999 dio negativo. Siete meses más tarde, cuando ya se había ido por primera vez de la casa que compartían cansada del maltrato y los engaños, una ginecóloga de la salita y una vecina del grupo solidario Volver a Vivir la visitaron en la casa de su madre para decirle que debía volver a analizarse: finalmente le habían detectado el virus a Mauro. Un hongo había estallado en su boca y en la nariz y hacía estragos en su organismo. Estuvo tres meses sin comer. "Tenía todo blanco en el lugar del hongo, y la piel la tenía del color del mate, como las aceitunas; era un muerto vivo, llegó a pesar treinta y ocho kilos".

Nadia se enteró y no pudo dejar de hacer cálculos. ¿Por qué él no había querido hacerse el estudio de semen que exigía el tratamiento de fertilidad? ¿Por qué esa receta de cuando lo mordió un perro en la que lo mandaban, hacía dos años, de urgencia a "medicina preventiva"? Sin embargo, así como ahora sigue curándole las heridas, en ese momento se quedó junto a él en el hospital, sin abandonarlo hasta que le dieron el alta. Y cuando Mauro regresó al rancho, todavía lo soportó otro tanto. "Él hizo poner un colchón en la mitad suya de la cama, porque se había acostumbrado a la cama del hospital que tenía esa forma, y entonces yo dormía de lado porque la otra parte del colchón quedaba doblada, a otra altura, más abajo. Él no quería que lo tocara, me mantenía a distancia y me reclamaba todos los cuidados, por ahí me acostaba a las cuatro de la mañana y se le antojaba que me levantara a las ocho. Yo ya estaba enojada por muchas otras cosas; porque antes, durante un año y medio fue todo una tortura, fue maltrato, golpes, metidas de cuernos. Entonces fue que me rebelé, porque pensaba: este hijo de puta, encima que me cagó la vida, me cagó a palos, me hizo cornuda, ¿lo voy a seguir soportando? ¡Morite, hijo de puta! Y me fui".

La familia de Mauro, cuenta Nadia, estaba feliz de la separación. Pero nadie supo qué hacer con el rebelde, el fuerte de la familia, enfermo, adelgazando hasta parecer moribundo. Nadia cree que esa soledad, ese infierno privado en el que Mauro ingresó cuando lo dejó solo, con el virus socavando todas sus defensas, desarticulando su condición de macho golpeador y arbitrario, fue lo que luego provocaría un cambio en él, que le permitió regresar a su lado. "Habrá tenido noción de la muerte como algo real...", piensa Nadia.

Sólo juntos pudieron salir, o comenzar a salir, del estigma que aún en demasiados espacios y relaciones padece el portador del virus. Nadia recuerda con dolor que su cuñada, la hermana de Mauro, harta de los ataques del más "torturador" de la familia, le escupiera durante una guerra verbal con un: "¡Por qué no se muere este sidoso de mierda!", ese tipo de frases insultantes en las que se encierra la noción de muerte como un destino atroz. "Vos sabés que te vas a morir, porque vos sabés que te vas a morir, te vas a morir, te vas a morir, vas a sufrir, vas a sufrir, y así todo el tiempo. Una noción de muerte permanente, ridícula, porque era mentira. En mi casa era parecido: mis hermanas, las dos que me han bancado y ayudado, me traían los chicos, y dale con los chicos, 'tomá los chicos, tomá los chicos, ve a los chicos'. Y yo: '¡pero no me voy a morir, hijas de puta! ¿Por qué me traen los chicos, si antes no me los traían?' No me voy a morir. La idea de los demás apenas se es portador es que uno ya se va a morir, entonces que mejor disfrute, le queda poco". Cuando Nadia después de dos meses de distancia volvió a ver a Mauro, pensó que volvería a arrastrarla por el piso con la furia que conocía. "Me mata, ahora me mata", se dijo para sí. Y se acercó casi temblando. Él era un espectro. Seguía con la piel oliva, los ojos sobresalían en la cara angulosa. Él no alcanzó a decirle nada:

se largó a llorar como un niño y comenzó a pedirle perdón, mil veces perdón, por esa larga lista de sufrimientos que incluía la traición del virus, una más entre tantas felonías de un territorio abrumado por la miseria.

Llegar a Mauro fue descubrir a Nadia, y conocerla fue acercarse a los secretos de la villa. Esas intrigas comienzan en sus propios hermanos: tres varones entre los nueve hijos del matrimonio. La muerte de Toti es quizás el caso en el que la trama de los bandos encontrados y la complicidad histórica de la mafia policial actuando por métodos simulados es más patética. Toti era, según sus hermanos, el más dulce y reflexivo de los varones de la familia, y por cierto, el que gozaba del afecto preferencial de Nadia, la mayor de las mujeres. Ella misma cree que su ingreso al delito fue una consecuencia lógica de la desintegración familiar tras una guerra entre sus padres empobrecidos. Toti había comenzado a trabajar apenas la necesidad se hizo imperiosa. Él tenía el don de cantar con cierto tono y a viva voz, en los bares, en las esquinas, allí donde le dieran a cambio monedas o pan, con el desplante de un chico que ensaya una mueca o un defecto físico para conseguir una limosna. Durante los otoños cosechaba limones de una planta que había cerca del rancho y salía a venderlos casa por casa. "Mi papá y mi mamá tenían problemas de pareja y él se empezó a poner mal", intenta explicar Nadia.

Toti se acercó al grupo de la esquina y a los ranchos de los transas, entre ellos, el Tripa. Terminó aliado a una bandita que solía tener un aguantadero en Infico, el barrio de monoblocks vecino. Alcanzó a estar preso por quince días en un instituto de menores después de que fracasó en un robo. Sus padres, cada vez más lejos, se dieron cuenta con esa detención de que hacía tiempo el chico se hacía a punta de pistola de la plata para comprar las pastillas ofrecidas en la casa de un matrimonio clave en la historia de la San Francisco, la 25 y La Esperanza: la Gladis y Javo. "Ella metió las pastillas en el barrio, él les recortaba las escopetas a los pibes", me había contado un día Sabina.

El nombre tan barrial de la Gladis seguía repitiéndose siempre en un tono menor al habitual, en boca de cada nuevo entrevistado. También la señaló la *mai*. Nadia me lo dijo en su rancho, la cuarta noche en que la visité para escuchar sus secretos. "Ella y el marido venden pastillas, toda la vida vendieron pastillas, siempre van a vender pastillas, porque a ellos nunca los van a reventar, nunca, pase lo que pase. Ella metió las pastas en la villa hace como veinte años. Siempre fue ortiba. En un tiempo se había separado, y lo había echado al marido y se había ido a vivir con unos hermanos vigilantes que mataron a varios pibes en la villa. Fue una historia corta, de meses, porque después volvió con el marido. Pero ahora igual para ahí el coche del comisario, el particular. Ahí no venden solamente eso, también venden merca y faso, de todo". La pareja era importante en la trama de la villa para comprender el brazo invisible de la policía en un territorio que, a simple vista, parece más cerca de la violencia arbitraria y no la consecuencia de un proceso demasiado complejo, en el que el vértice es la corporación consagrada a volver clandestinos todos los negocios para acrecentar el propio.

Toti lo vivió como una condena personal. Apenas había cumplido los dieciocho cuando cayó preso —ya mayor de edad— en una comisaría. Fue la primera caída. Usó la moto que el padre le había regalado a Nadia para su fiesta de quince. El otro fue el encargado de hacerse del pasacasetes. Pero la policía los cruzó. Él consiguió escapar y corrió a la casa de su madre a buscar los documentos de la moto. Cuando volvió, su compañero lo había entregado. "Fue él, fue él", decía el ladrón. "La madre es una ortiba que se culió a varios vigilantes, y por eso lo mandaron al frente a él y el otro zafó", acusa Nadia. Toti pasó una larga temporada en Olmos, protegido por la ranchada del que sería su cuñado, Maurito.

Al salir, pasaron semanas y cayó en una quinta con otra banda. Lo mandaron a una comisaría de Escobar donde compartió la celda con varios de los hombres de Luis Valor. El 24 de agosto de 1995 uno de ellos le dio la oportunidad, casi la orden, de fugarse. "¿Te vas, pibe?", le dijeron con el escape arreglado por varios miles de pesos con uno de los jefes de turno. Se fueron doce hombres, la mayoría de ellos a Brasil. Dice Nadia que a Toti lo invitaron a cruzar la frontera, pero que el muy imbécil estaba enamorado de una chica, encontró a una gente amiga, se quedó con la piba y alquiló una casa. Se quedó, perdió el tren y terminó refugiado en el terreno más peligroso: su propio barrio.

Toti no llegó muy lejos. En los meses siguientes tambaleó por el mismo camino. Se acercó cada vez más a una condena a muerte no dicha, la que puede ser inducida por aquellos que representan de tal manera a la mafia policial que es como si la llevaran en sus propios cuerpos. Toti no logró ser jamás incluido en los cordones de perdón que habilitan en la villa mujeres como Gladis, hombres de doble filiación ilegal como Javo o como el enemigo del Frente Vital, el Tripa. Al mismo tiempo, la locura, las alucinaciones, el efecto deformador del consumo de pastillas, lo fueron enloqueciendo. Aunque Toti ya había salido con algunos trastornos de la cárcel, cree Nadia. En ella vuelven las imágenes del horror que su hermano le entregó al salir de Olmos. "Él se había vuelto loco con los golpes de los canas. Me contaba que degollaron a un tipo por un poquito de leche y a otro por una feta de fiambre. Dijo que no iba a volver nunca más, que antes prefería morirse afuera".

Pronto la locura de Toti se hizo evidente también para su madre. Faltaban pocas semanas para el fin de año cuando le confesó aterrado que había hablado con su abuela muerta y con Miguelito, el hijo fusilado de la *mai*.

—Me dijeron que no viniera para el barrio ni el 31 ni el primero porque me van a matar —les contó.

Faltaban cinco noches para que lo mataran.

La advertencia de los fantasmas que acosaban a Toti se la hizo Javo a su madre, cara a cara, dos días antes del fin de año.

—Ya vas a ver lo que le va a pasar a tu hijo —le avisó en una esquina de la villa.

El primero de enero Toti se cansó de él mismo y de los demás. Cruzó los pasillos de la 25 agarrándose de las paredes de chapa y madera. Llegó a la casa de Gladis y Javo con el cargador lleno. Lo vació disparando contra las ventanas y la puerta con tan mala puntería que casi todas las balas rebotaron en las paredes. Sí, los fantasmas lo habían advertido. Sí, era cierto que él les creía. Sí, todos sabían que no debía pisar el barrio en esos días de fiestas. Pero ese día Toti estaba ahí convencido de que gatillar era lo mejor que podía hacer, lo único. Nadia intenta imaginar el mandato de otro mundo que puede haber recibido. Nadia no quiere ni pensar en que una brujería umbanda lo puede haber llevado a esa especie de suicidio. Lo que sabe Nadia es que al día siguiente su hermano cayó en una emboscada.

Ella y su madre estaban en una juguetería del centro comprando los regalos de Reyes. Vieron pasar la ambulancia que levantaría el cuerpo. Ese día creyeron la versión que hizo correr la policía: que habían querido robar una casa de artículos deportivos, que habían herido a una chica y que habían agarrado a dos compañeros de él. Toti agonizó nueve días en la terapia intensiva del hospital de San Fernando. Después del entierro, a la puerta del rancho de Nadia llegó un policía con una carta anónima. Desmentía la versión de sus compañeros y le aconsejaba que hablara con los testigos que sabían que el ladrón había sido fusilado. Nadia pudo hablar con el quiosquero que atendía el local donde estuvo en realidad su hermano esa tarde. "Ellos iban en un *remise* con una mina que siempre los llevaba a robar. Cuando pasaron frente al lugar y mi hermano vio a la cana, ella paró igual y salió del auto gritando que era rehén. El hombre del quiosco sabía que lo iban a fusilar, y se lo dijo: 'Andate porque acá adentro somos boleta los dos'". Toti se largó a llorar.

Así como es difícil entender que Toti haya tiroteado la casa de los transas, es duro también comprender por qué salió corriendo del quiosco y se escondió detrás de las ligustrinas del jardín vecino. La dueña de casa lo vio y le avisó a la policía. "Entraron y lo mataron: le dieron dos tiros en el pecho y en la cabeza y lo patearon todo". A los dos compañeros de Toti la policía nunca los metió presos. Detuvieron sí a dos cartoneros que pasaban. "Era una cama. Eran todas traiciones. El arreglo era por siete mil pesos, era el arreglo de la Gladis. A mi mamá le trajeron pruebas pero nunca hizo nada por miedo. Le decían que le iban a prender fuego la casa, que nos iban a matar a nosotros, que mi papá iba a perder el trabajo porque tenían gente en la Municipalidad".

El machismo tumbero, la prosapia delincuencial, el archivo policial, los peritos en el tema y hasta los periodistas de policiales creen que la traición que sufre un ladrón casi siempre está relacionada con una mujer. "La chica le metía los cuernos con uno que ahora está preso. A través de él lo mandaron a matar". Pero por regla general esa delación tiene casi todo que ver con la policía. "Hicieron un arreglo para entregarlo. La Marga nos contó que la Gladis lo había mandado en cana a mi hermano. Nosotros nos enteramos primero porque un vigilante me da un papel para que vaya al juzgado y al programa de Mauro Viale. Decía que lo habían matado mal, que buscáramos la causa no sé cuánto. Contaba que en el lugar donde lo mataron estaban todos esperando a mi hermano. Estaba todo preparado para matarlo".

Nadia cuenta la versión que la convence y se la adjudica a la *mai* de la villa. Dice que fue ella la que le trajo las versiones sobre la trampa que le prepararon a Toti. Convencida de que la *mai* estaba involucrada en esa trampa, se hartó de escucharla y le dijo:

—Dejá de faltarme el respeto porque te voy a dar un voleo en el culo.

Desde la oscuridad de su patio la *mai* le contestó:

—¿Qué te pasa, puta re puta?

—¿Qué te pasa, puta, patín viejo? —le estampó Nadia, a ella, a la que siempre, a pesar de su desprecio, había respetado.

La *mai* la maldijo:

—Te vas a andar arrastrando como una víbora por el piso, vos y ese puto sidoso que se la dan de chorros.

Tres años más tarde, un mes después de la muerte del Frente Vital, otro de los hermanos de Nadia, Ignacio, el segundo de los tres varones de la familia, recién cumplidos los dieciséis, mató a un policía en la esquina de la calle Las Tropas. Por ese crimen continúa preso.

Nacho tenía el tamaño de un chico de séptimo grado. Paraba en la misma esquina que su hermano Toti y se dedicaba con mucho menos oficio y códigos a robar aquello que se presentara como lo más fácil y cercano. Fue una tarde de marzo, la del 24, aniversario del golpe de Estado. Él y un amigo de quince años tenían ese día una sola urgencia: el dinero para continuar comprando droga en el rancho de un transa de la 25. No hicieron más que media cuadra para apuntarle al dueño de un quiosco recién instalado. El hombre los vio y al principio no les creyó que eran ladrones. Les habló como a hijos y midiendo las palabras se les acercó. Los echó a las patadas. Los chicos salieron corriendo por el medio de la calle. El comerciante los siguió en su auto. Al escapar, como si los hubieran estado esperando, se cruzaron con un móvil policial que patrullaba el barrio. Los detuvieron. Uno de los dos bonaerenses se fue en el auto del comerciante. El otro, un cabo de treinta años, se subió al volante del móvil, con los dos chicos en el asiento de atrás.

No alcanzó a arrancar. Se escucharon dos disparos adentro del patrullero. Uno de los ladrones había gatillado un revólver en la nuca del cabo. ¿De dónde había salido el arma con la que lo mataron? La versión de la policía es que una chica, también menor de edad, se las había alcanzado en un descuido por la ventanilla del auto. Pero Nadia jura que no. "La sacaron de un bolso negro y celeste que había en el coche, era uno de los perros que usa la cana para ponerles a los pibes que mata desarmados. Encima mi hermano dice que el cana era un amor, que decía 'qué los vamos a esposar a estos dos piojitos'. Son un bardo, a estos pendejos me dan ganas de matarlos. Nunca lo escucharon a mi marido, mirá que los habló, a los dos. Mirá que es jodido, les dijo que no tomaran pastillas, que se iban a perder; pero no, ellos, ciegos".

—¿Tu hermano estaba muy descontrolado?

—Mi hermano era un boludito, que fumaba porro en la esquina. Yo traté de sacarlo, pero acá los que envician a los pibes son los transas. El Tripa era uno de los peores. Si los veía a los pibes medio drogados empezaba a hacerles la cabeza. Que dale, gil, que sos un cagón, que si no querés hacerte un rolo —un reloj Rolex—, que vos tenés coraje, que vos sos chorro, no un gil de cuarta, y dale con lo mismo. Contra ellos no se puede hacer nada, a no ser que los bajés a tiros.

—¿Quiénes son los personajes como el Tripa?

—Ellos son como delegados de la cana. Ellos son la relación entre los canas y los chorros, pueden manejar datos, conocen, pueden hacer casi todo lo que la cana puede hacer, pero mejor. Pibe que se peleó con el Tripa, pibe que terminó arruinado. A mí nadie me saca de la cabeza que fue esa rata el que lo hizo caer al Frente. Hacía un mes que se habían tiroteado en el campito cuando lo fusilaron como a un perro. Pero no importa, a cada uno le llega el momento en que recibe la puñalada por la espalda, porque este es un mundo que vive de la traición, y los traidores, a la muerte, se la ganan.

Tres años después de aquel tiroteo entre Víctor y el Tripa, caminábamos con Manuel por una calle angosta de La Boca. Por primera vez reconocía su posición en el cuadro de rivalidades de la villa: hacía pocos días él y su nuevo compinche habían reventado el rancho de uno de los Chanos y se habían llevado una piedra de merca como botín. Caminábamos y la piel tatuada de su brazo rozaba contra la mía mientras pisábamos las vías del tren, bordeando los conventillos del barrio en el que por fin terminaría de contar la historia.

La última batalla de esa parte de la guerra comenzó temprano, un día de septiembre de 2002, contó Manuel. El Tripa y otros dos pararon un coche que pasaba frente a la 25. Querían el dinero del chofer. Mientras el hombre les entregaba la billetera ellos manoseaban a la chica que lo acompañaba. Dos horas después quisieron robar la remisería de la 25. El dueño escapó hacia el descampado dando saltos para esquivar las balas que entre carcajadas le disparaban a los pies. Pero media docena de pibes armados salieron a defenderlo desde la otra punta del campo. Uno de ellos le dio al Tripa en una pierna. El transa corrió rengueando hasta un rancho de la San Francisco donde se refugió, a pocos metros del lugar en el que fue fusilado el Frente Vital.

Al anochecer la decisión estaba tomada. Lo encerrarían, como fuera. Juntaron un arsenal. Eran todos conocidos, más de cuarenta. Como sombras silenciosas se ubicaron en los recodos de la villa para no dejarlo escapar. Un grupo de doce avanzó por el pasillo, medio metro entre cada uno, ubicados en forma de abanico. Caminaron sigilosos. No querían espantar a los perros con el sonido de sus pasos. Tenían que llegar a la puerta del rancho, abrirla de una patada y disparar. Estaban a cinco metros. Calculaban cómo se ubicaría el pelotón para no fallar. De pronto la puerta crujió. El Tripa no había podido aguantar las ganas de ir al baño, dos ranchos más allá. Pero el dolor en la pierna no lo dejó llegar. Con dificultad, creyéndose solo, se bajó los pantalones hasta las rodillas, y apoyado contra la pared se agachó ahí nomás, me contaron después. La venganza lo sorprendió, en esa pose tan poco digna, desde la oscuridad. Fueron cuatro disparos, uno tras otro, sin pausas en el percutor. Apenas se quejó. Con el pecho ensangrentado soltó los pantalones, balanceó el cuerpo hacia delante y trató de abrazar al hombre que le disparó. Otros siete balazos lo hicieron retroceder. Cayó hacia atrás. Cuando estuvo tendido sobre la tierra, un pibe de diecisiete años le puso un 22 corto en la frente y lo remató.

Nadia, fanática del *reality show* Gran Hermano, recuerda bien que esa noche prefirió mirar Videomatch. Es que el invitado era el cantante de cumbia Sebastián con su banda, y entre los músicos había un pibe de la villa. Nadia miraba a su vecino en la tele, divertida, cuando desde el otro lado del campito, en la San Francisco, estallaron los tiros. Primero cuatro. Después siete. Luego el tiro final. Sintió que una arcada le ahogaba la garganta, que iba a vomitar. Vio nublada la pantalla del televisor. No comprendió por qué le brotaban las lágrimas, si ella sabía que muchos querían matarlo, que se venía el ajusticiamiento, que ese homicidio era una decisión tomada.

Mientras los vengadores se alejaban del cadáver, Nadia se quitaba las lágrimas con rabia por su compasión. El Tripa no merecía que alguien lamentara su muerte, pensaba Nadia en el instante en que el chico que tocaba cumbia con Sebastián se dirigió a los de San Fernando que lo miraban por televisión:

—¡Un saludo para la 25! —gritó.

Luego sonaron las sirenas de la Bonaerense, como una corte de viudas desesperadas que acuden unidas en un alarido a rescatar al muerto. Los patrulleros se multiplicaron. Eran tantos que parecía que hubieran matado a un comisario, dicen. Otra vez la batalla entre la policía y la villa se desató. Fue una batalla más. Al día siguiente hubo asados y cumbia para festejar. Pero la guerra no cesó.

Epílogo

El jueves 20 de febrero el teléfono de mi casa volvió a sonar, otra vez por una mala noticia. Era Sabina. Me contó que había muerto Daniel. A seis meses de haber entrado inconsciente al hospital, Daniel se había despedido de Matilde y de sus hermanos en silencio, al dejar caer una lágrima. Al día siguiente nos sumamos a la ceremonia de despedida en la casa de Estela, al fondo del pasillo de siempre. Era una mañana calurosa. El patio estaba lleno de sillas con mujeres que reposaban desde la noche anterior y hablaban en voz muy baja. Estela y Matilde lucían serenas, con los rastros del llanto en los rostros, pero como si estuvieran cansadas de llorar. Nos abrazamos a Manuel y Simón, que también parecían tranquilos. Habían vaciado la pieza de muebles y sacado de las paredes los cuadros pintados por Simón. En el lugar de la mesa habían ubicado el ataúd abierto. Una fila de mujeres lagrimeaba a un costado. Del otro lado se ubicaban los hombres. Los chicos, Manuel, Simón, el más pequeño, se acercaban al cajón y miraban al hermano muerto por aquel golpe en el tren blanco entre los hombros de los demás.

Cerca del mediodía llegaron los empleados de la funeraria, con algún retraso, saturados de trabajo ese fin de semana. Los Miranda taparon el cadáver de Daniel y lo cargaron lentamente hasta sacarlo de allí. Avanzaron. Las mujeres salían a las puertas de los ranchos a persignarse. El cortejo apenas entraba en la angostura del pasillo. En varios autos y en un camión repleto de gente, salimos hacia el cementerio de San Fernando. Ese sábado las calles del camposanto parecían una peatonal de la muerte: impresionaba la cantidad de funerales que sucedían casi al mismo tiempo. Mientras unos llegaban alterados por el dolor, otros se retiraban abrazados entre sí, sostenidos apenas por los parientes y los amigos. Nosotros fuimos por uno de los caminos del costado izquierdo y nos desviamos rápido hacia la fosa preparada para Daniel. Sólo algunos de los deudos de esta procesión lloraban. Era como si, sin haber sido dicha, hubiera campeado una orden de Matilde, tan altiva ese día como siempre. Algo así como: mucho tiempo ha pasado desde el comienzo de la agonía. Nada debe ser exagerado. Dejémoslo en paz. Regresemos a la vida ordinaria, a la que no debemos temerle por más que la muerte se nos haga cotidiana.

Así nos distribuimos alrededor de la fosa. Arrojamos algunas flores antes de que comenzara a caer sobre el cajón la tierra húmeda. Cuando terminaban de cubrirlo entró en el mismo pasillo otro cortejo fúnebre: en este sí, los deudos, las mujeres sobre todo, se desgañitaban de dolor. Por las edades de los dolientes había sido, parecía, una muerte súbita, y de alguien muy joven. Cuando el ataúd del desconocido comenzó a ser bajado a su lugar final, la procesión por Daniel comenzó a retirarse. La mayoría ya había visto entre los vecinos recién llegados a varios hombres de uniforme. Era claro. El que había muerto era un policía. A mí me lo advirtió Chaías, que, distanciado de los Miranda y de sus viejos amigos, llegó casi al final y los había visto entrar. Tenía los ojos medio desorbitados. Me contó también que ese día era su cumpleaños.

A los pies de la tumba de Daniel, el único que permaneció hasta que todos se marcharon fue su padre, el Pájaro. Había ido a verlo al hospital. Pero hacía meses que había desaparecido, desde la tarde en que salió de la terapia intensiva diciendo que volvería con la medicación de urgencia que necesitaba su hijo. Los demás se repartieron nuevamente en los autos y en el camión. Yo acompañé a Sabina, a los hermanos del Frente y a Manuel hasta la tumba del ladrón que me había hecho llegar, hacía tanto tiempo ya, a la villa. Nos paramos frente a su foto en blanco y negro, ante las ofrendas de los chicos todavía intactas, ante las botellas de Pronto Shake que la decoraban. Cada uno besó la foto. Yo también. Cada uno se persignó. También lo hice. Y luego todos nos quedamos callados durante un buen rato. Lloramos hasta que Sabina nos dijo que partiéramos. Volvimos a la villa La Esperanza. Comimos juntos. Luego, al atardecer, me alejé hacia la estación.

Agradecimientos

Hubiera sido imposible para mí terminar de escribir este libro sin las conversaciones con mis amigos, sin su infinita generosidad para dejarme, muchas veces, discurrir de más sobre aquello que todavía no podía terminar de ver y de explicarme. Agradezco la paciencia de Lucas Mac Guire y Pepe Matrás; de Antonia Portaneri y Jorge Jaunarena; de Gabriel Giubellino, Marta Dillon, Josefina Giglio, Raquel Robles, María Zago, Romina Tomillo, Marcelo Chávez, Graciela Mochkofsky, Gabriel Pasquini, Ricardo Ragendorfer. A Flavio Rapisardi. A mis compañeros de *Página/12*, donde comencé a escribir esta historia. A mis compañeros de la Asociación Miguel Bru, por disculparme tantas ausencias mientras trabajaba en esto. A María del Carmen Verdú, que un día me contó que había un santo de los pibes chorros. A la abogada Andrea Sajnovsky y a todos los que se animaron a hablar durante la investigación sobre el Escuadrón de la Muerte. También a Maximiliano Barañao por su dulce compañía. A la hospitalidad de su familia durante los días en Concepción del Uruguay. Al refugio de la familia Carey en Brasil. Gracias por haberme acompañado en la villa a Alfredo Santiago Srur; gracias por haberme sacado de allí aquella madrugada. Agradezco a Mariana Enríquez, María Moreno, Silvia Delfino y Claudio Zeiger. Las lecturas de cada uno de ellos también construyeron este relato.